第一本為年輕人寫的
健康險指南

如何在
30歲前

花小錢 **買對險!**
一生沒煩惱

目錄

序言一

寫保險的書？從沒想過以保險的角度來談人在理財階段中，除了投資風險外，還有可能因為「人生的風險」這件事所造成的巨大虧損，甚至遺憾。寫保險會有人看嗎？人們只想知道如何賺錢，錢掙得愈多愈好。很少人想知道如何不賠錢，通常就是等事情發生了，才說想當初怎麼沒那樣做，不是嗎？

在思考是否接下這本寫給社會新鮮人的保險書前，回想著發生在身邊許多好友的保險故事。有悔不當初沒買保險的例子、有認為自己身體健康很養生，不會得重症、不需要買保險的例子。也有好友因癌症進入醫院檢查，以為開個刀就可以很快出院了，卻在一個半月後就再也沒有機會辦出院手續。更得知好友的小朋友得了腦神經細胞瘤，爸媽決定賣了房子花 800 多萬的治療費用，只為了提高 20% 的治癒機率。更有好友因為腦癌過世，他媽媽說每次看到我就想到他兒子，讓我都不太敢出現在他媽媽面前，害怕又勾起她想兒子的回憶。一位急性肝炎的朋友，北上和我一起吃個飯，本因為工作太忙想婉拒，但一想到久沒見面，於是撥空見了一面後，沒想到一個月之後收到他姐姐告知他已於醫院因感染過世的消息。

哎，太多太多的故事湧上心頭，寫書的時候仍然會流下淚來。於是，我明白了，寫保險的書對我來說，是非常有價值和意義的，讓我能真實的記錄下這十幾年來那些珍貴的友情、信任及畫面。我得把這些發生在我周遭的真實故事，甚至我媽媽發生的

意外事故，像寫故事一樣流傳下去，讓更多的年輕朋友能感同身受，在最有本錢的年紀做出正確的保險規劃決策。

因為，我不想再聽到當周遭有人生病或過世時，熱心的朋友問到他為什麼沒有買保險，為什麼他的保險幫助不了他。這句看似責難「保險顧問」的同時，其實，也只是放了一句馬後炮的話。因為你我永遠不知道每個人的故事背後有多少不同的選擇原因。

在這本書裡，我仍要尊稱大部分專業敬職的保險業務員為「保險顧問」。因為，沒有他們鍥而不捨的提醒和放下身段的解說，我也不會在剛出社會的第一年，什麼都不懂的情況下，只花了一年不到 1 萬元買了一份內容算完整的醫療險保單。剛過了 22 個年頭，48 歲的我，就已經繳完了第一張終身醫療的保單。若現在才開始買醫療險，算一下，那將是當時保費的 6 倍，我慶幸我能把更多的錢用在自己的退休規劃及投資理財上。

謹以本書獻給所有案例中的摯友，希望你們的故事除了給了我力量外，也能給更多社會新鮮人警惕，並做出負責任的正確決策。

郭俊宏

序言二

　　從事保險工作已逾 7 年多的我，在 23 歲時踏進保險這個行業。

　　記得剛入行時，我迫不及待把在公司所學的專業，運用在自己與家人身上。於是回家向媽媽要了全家人的保單，一份一份仔細研究、研讀條款，這才發現，媽媽保險觀念很好，從小幫我們家三姊弟買了很多健康險。美中不足的是，我們全家人都沒有購買到「實支實付」醫療險，這在現今二代健保制度下，是一個相當大的保障缺口。於是，在我的說明之下，為全家人的保障做了全盤調整，將重複的險種做取捨，補足了該有的險種。調整後，不僅保障變更完整，還為全家人省下將近一年 6 萬元的保費。

　　從自己和家人案例的經驗告訴我，適時檢視自己的保單是非常重要的一件事， 年輕朋友更應該在出了社會，賺取第一份收入開始，重視醫療保險的規劃。原因是我碰到太多的客戶朋友，歷經了一段時間的工作壓力，抑或是現代人的生活型態與大環境的影響，導致身體陸陸續續出現一些狀況。而往往等到發現身體有異狀，想替自己規劃醫療保險時，才發現有些健康狀況已經是保險公司的拒絕往來戶，或者是有條件地承保，這都是非常可惜的。所以在年輕且身體最健康時投保，才是最明智的選擇，而年輕投保相對地保費也較便宜，何樂而不為呢？

　　每每和身邊的朋友聊到我的工作，他們的反應大致可分為 3 類。第一類的朋友非常認同保險，大多來自於家中有親朋好友曾經

受惠於保險，知道保險的重要性，所以希望趁自己年輕且身體健康良好時，為自己規劃好醫療保障。第二類則是對保險沒什麼特別的感覺，覺得自己還年輕，應該也生不了什麼大病，頂多發生我們無法控制的意外事故，覺得生病這件事大多是老的時候才要擔心。第三類則是覺得保險是騙人的，買保險就像是把錢丟進水溝裡，撲通一聲就不見了的行為，這類型的人大多是家裡曾有人受過保險的傷，但透過釐清後發現，對保險的誤解都是發生在與保險顧問的溝通不完全，或是對商品的認知與自己的需求不同，導致真正需要理賠時，發現無法滿足心理的期待所產生的落差。

所以，唯有搞清楚究竟保險是什麼？為什麼我需要保險？而發生什麼樣的風險，我的保險是否能給予我需要的幫助呢？這是我在保險行業中，一直為大家解決的疑惑。

而我能面對面接觸的朋友有限，所以，有了這本書的出現，我想用這幾年來在職場上的經驗，分享給我們的年輕朋友們，如第一份健康險該從哪裡著手？又或是像我一樣，爸爸媽媽從小就幫自己買了保單，也快繳完了，還需要自己購買嗎？透過我的分享，我想你也該把那一疊佈滿灰塵的保單們搬出來，好好為它們檢視一番，究竟是否買到符合你需要的保障了呢？畢竟，書到用時方恨少，保單到了需要用到的時候，才發現保障不足甚至是買錯重點，那才真正讓人扼腕吧！

接下來，請抱持著愉悅的心，和我們一同學習關於健康險的規劃吧！

鄺珉萱

第一章
建立健康險防護網

　　本書內容將以健康險規劃及理賠的角度，參考未來醫療技術發展與作者的健康險規劃個案經歷，試著透過可以實操的方法分享給年輕朋友，教導他們如何幫自己規劃人生的第一份健康險保單，建立「健康險防護網」的觀念與方法。作者希望運用理論與實務並進，讓年輕朋友在年齡、財富增長的同時，藉由真實發生過的醫療理賠案例過程，提醒容易被年輕朋友忽略、誤解以致可能做出錯誤決定，導致損失無法彌補的健康險規劃細節。

💲 用最少的花費，讓你不會因病而打亂人生布局

　　試想，當我們從學校畢業，滿懷抱負的踏入社會準備放手一搏，在實現夢想、累積財富的過程中可能會因為疾病或意外風險，發生一些無法預期與控制的大筆醫療開支，甚至導致無法工作，影響到我們原本想達成的理財目標。輕微的可能得延後目標達成的時間，嚴重的可能造成財物損失或負債累累，乃至改變了原本可以幸福快樂的一生，我想這都不是你我所樂見的結果。

　　因此，本書試著以年輕朋友的角度來分享，在為工作打拼之餘，如何用小錢買份大保障，並教你如何規劃健康險，守住你的錢，協助年輕朋友在未來衝刺的人生心無旁鶩，勇往直前。在寫這本書的過程中，每次下筆前回想過往，十多年來每個接觸過的個案皆歷歷在目，驅動著作者內心深處的使命感，想給年輕朋友

中肯且客觀的建議，第一次規劃健康險就能上手。相信在看完本書後，對你會猶如打通任督二脈一樣，有具體的幫助。

每天花一杯咖啡的錢，幫自己的夢想買份保障

杜絕你的後顧之憂，你必須了解健康險如何規劃。

小可，是個相當聰明又善解人意的幼教老師，平時熱心助人，小朋友都非常喜歡她，她也非常努力的工作存錢，一直夢想著能夠環遊世界。27 歲那年，她因為工作太忙，以為是小感冒，頭暈腦脹的進了急診室，沒想到這一進去，醒過來後居然是一星期之後的事，被醫生診斷出是急性 A 型流感引發的腦炎，造成右肢無力，需要長期復健。就這樣她在醫院住了一個半月，無法繼續工作，小可的父母親還得輪流到醫院照顧她，讓她非常不捨。

沒有任何醫療保險的小可，除了健保給付外，每天的病房費 3,000 元，45 天共花了 13 萬 5 千元的病房費，再加上 10 多萬的藥費及 13 萬的材料費，不想讓家人擔心的小可，只好將自己辛苦存下的旅費全部拿來支付醫藥費，並請了專業看護來降低父母奔波醫院的辛勞。好在半年後，小可經過努力復健恢復健康，再次回到工作崗位上，重新開始她的旅遊夢。

如果時間可以重來，小可在努力幫自己存錢之餘，每個月再多花 2,000 ～ 3,000 元替自己買一份健康險，那麼，這些將近 40 多萬的病房費、藥費及材料費，甚至專人看護的費用都可以透過健康險來負擔了。

每天花一杯咖啡的錢，就能踏實地保障自己的旅遊夢。

花小錢就可以獲得大保障，為什麼將近 5 成的年輕人不想買保險？

根據保險業的權威雜誌《現代保險》雜誌在「2018 年消費者壽險購買行為暨最佳壽險公司排名調查」中，發現 20 ～ 39 歲捨不得買保險的族群以「沒預算」最多，占了 4 成 8。

然而真的是錢賺太少，認為買保險很貴、沒錢可買保險，還是因為不必要的開銷過大，以致沒錢買保險呢？還是誤解了買保險要花很多錢，所以，下不了手呢？若真的單純只是誤解買保險很貴，那麼，你就該好好的把這本書看完，你會發現買一份健康險並不會造成你的生活負擔，然後開始動手規劃自己的第一份健康險保單。

年輕朋友真正不買保險的原因中，最可怕的是以為買保險不重要，反而錯失了年輕時花小錢就可以獲得大保障的買保險最佳時機。等到 40 或 50 歲才要買保險，卻可能因為身體狀況不佳或是年齡限制，無法買保險了。有一回接到一位好友的電話，打來問我的建議，因為現在的她收入穩定成長，於是想開始幫自己 60 歲的父親買一份失能險，但後來由於一年要付將近 10 萬元的保費，才讓她打退堂鼓，只好用自己未來的儲蓄來承擔這個可能會發生額外大筆開銷的風險。

　　通常我們歸類大多數年輕人不買保險的理由，大多是因為不重要、不緊急的理由居多；而中、老年人不買保險的原因，則大多數以保費過高或身體狀況已非保險公司認定的次標準體，會被加費或拒保而無法買保險。

保險小百科：

投保健康險的 4 種核保結果：

1. 標準體承保

什麼是標準體承保？表示被保險人身體健康，可以立即承保。

2. 次標準體承保

什麼是次標準體？所謂次標準體是指由於被保險人風險程度較高，不能按標準費率承保，但可附加條件承保的人身保險。次標準體保險又稱弱體保險、次健體保險，即與一般人相比較，身體有缺陷的人，或者從事危險職業的人。由於這部分人群死亡率較高，為保證公平性，不能按照標準的人壽保險費率來承保，必須採取特定方法或特殊技術來承保的人壽保險。

3. 延期承保

什麼是延期承保？即保險公司暫時不接受承保，等觀察期過後，其健康沒有問題才給予承保，如：急性肺炎要治癒半年以上才可以投保。

4. 拒保體

什麼是拒保體？即保險公司拒絕承保，原因為被保險人因重大健康因素或是高危險性職業。

在過去的一對一保險理財服務經驗中，消費者會主動要求投保健康險，最常碰到的一種狀況，那就是當人們已發生保險事故後，驚覺必須負擔不少的醫療費用，甚至是損失自己的工作收入和存款，才意識到健康險保障的必要。

透過本書，希望真的能讓許多年輕人在出社會有了第一份工作收入，開始想靠理財讓自己錢生錢的同時，也可以考量到未來自己可能會遭遇的人身風險，預先做好醫療保障規劃，將風險移轉給保險，避免像書中提到的案例，遭遇不必要的遺憾。

💲 從投資理財的角度來看，你真的不需要健康險嗎？

一直以來，有許多朋友在新聞上看到保險理賠的事故和案例的負面教材，因而對保險有似是而非的觀念，常常為了純粹反對而排斥了解保險。

在一次節目中，談論退休理財規劃的主題，一起參加的來賓是一位投資理財很有經驗、事業有成的 40 多歲男性，主持人問他現在有什麼保險，他很有自信且輕鬆的回答，目前他沒有買什麼保險，理由是保險不是能賺錢的投資工具，不划算。若以投資賺錢的角度，我倒是認同他的看法。

因為你我的財富規模若是屬於郭台銘、張忠謀的等級，那麼醫療保險的保障只要用自己賺的錢來支付就好，保險對有錢人來說，可能就只剩下節稅或者是資產移轉的功能而已。但你我的財

富若是靠辛苦的工作，或者是投資理財一點一滴存下來的，我肯定不想讓自己生一場大病或者是家人生病，因為那必須要支付一筆突如其來又為數不小的額外費用，會打亂了我努力想讓未來的自己及家人過好日子的計畫。

所以，若有朋友跟我說保險是騙人的、付出去的保險費是拿不回來的、買保險不划算，那我想說的是，在我 20 多年的投資、保險理財規劃的經驗中，我只看到保險的確讓許多的單身或家庭保住了他們持續增長的財富，也讓他們能持續維持好的生活品質。

我有位年輕的男生健身教練朋友，名字叫做荔枝（奇怪，為什麼有這麼多人喜歡用水果當綽號），26 歲的他，個性陽光又彬彬有禮。由於工作地點的關係，荔枝每天必須騎機車上下班，因此就算他再怎麼小心騎車，車禍的意外仍有可能因肇事對方的無心之過就這樣發生了。在一次車禍的意外，荔枝發生嚴重骨折而不能下床，整整一個月都無法工作，其損失的收入和醫療費用皆靠著保險理賠與補償維持他的生活。而原本想在 6 年內存下購屋的頭期款也完全不受影響，並無因此需要而被中斷。6 年後的今天，他打了一通電話問我買房子的細節，我除了替他開心之外，更感到欣慰的是，透過理財規劃幫助人安心順利的達成財務目標的真正意義不就是如此嗎？！

若有朋友說保險不划算、賺不到錢，那我的回答是，保險絕對不是拿來當做投資的工具，因為它不會讓你因為生病之後，領了一筆保險金，自此就大富大貴。

拿我自己為例，我繳了 18 年的醫療保險費及健保費，至今除了洗牙或感冒門診外，幾乎都沒用到醫療保險的理賠。若以投資理財的角度，保險對我來說，應該就是一個徹底的賠錢貨。但這筆保費支出再過 2 年就幾乎繳完了，支出費用將降低許多，從此可以幫助我不用再擔心五、六十歲收入減少時，中老年退休生活可能會多一筆醫療開銷預算而煩惱，讓我的家庭因為有了保障而無後顧之憂。因為我知道，就算我像偶像劇裡的劇情，發生了什麼戲劇性的風險故事，我的理財金字塔幫我留了一筆醫療和身故保險金，讓我的家人可以繼續過好日子。讓一個人或家庭安心生活，免於遭受風險所苦，這就是保險對一個人或家庭財務規劃影響的真正意義呀！

　　小夥伴們，不論你在人生的哪一個階段，都需要打造屬於自己的理財金字塔。從做好風險保障開始，避免辛苦累積的資產被突如其來的開銷打亂了我們的理財計畫，並規劃好收益型投資組合，幫助自己穩健地實現不同階段的儲蓄理財目標，再透過風險較高的投資組合，學習富翁的精神，實現自己財富增長與傳承給下一代的夢想。

　　理財金字塔，就是一份資產配置策略藍圖，請小夥伴們把這個圖表牢記在心，並開始架構自己的理財金字塔，少了哪一部分就填補哪一部分。請從財富成長的財務規劃角度來看待你的保險理財規劃。

💲 建立理財金字塔，打穩財務地基

　　人的一生中，每個階段遇到生、老、病、死、殘的健康醫療問題都不相同，經濟能力及收入也不相同，請參考圖 1-1 生命週期表；相對地，健康保險需求也不盡相同。在單身階段，你可能會需要考慮到如何避免讓自己的收入中斷的風險。在家庭階段，家庭的責任增加了，若有了小孩，甚至是房子，這時候很多的開銷是無法隨意中斷的。所以，如何避免家庭成員的額外醫療開銷，或收入中斷無法負擔房貸或者教養小朋友的風險也就更重要

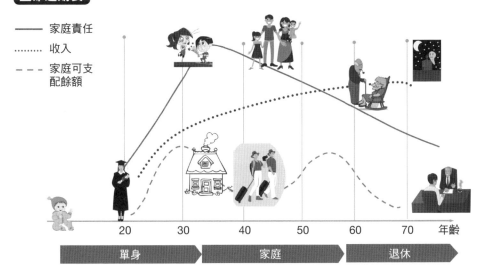

圖 1-1：生命週期表

資料來源：作者提供

了。等到了退休階段，這時要考慮到因為得到慢性重大疾病的機率變高，使得老年醫療的費用增加，甚至需要請專人長期照護，那麼，如何透過健康險移轉風險，避免退休金被吃掉，是這個階段的規劃重點。

因此，如何擬定人生不同階段的健康險規劃，並考量各階段的經濟狀況及風險保障需求，並定期作檢視，就能讓你立於不敗之地，成為人生勝利組。

接下來，我們透過「理財金字塔」理論的說明，學習如何從理財金字塔的架構中，了解醫療保障到底能對年輕朋友在理財規劃中有什麼作用呢？

我們來試想一下金字塔的畫面，我們會聯想到什麼？我想到的是歷史悠久的埃及金字塔，始終屹立不搖。原因是它的根基很穩固，不容易動搖，就像蓋房子時的地基越穩，房子就越不容易動搖、倒塌。

請大家看一下圖 1-2 這張類似金字塔造型的圖表，我們叫它「理財金字塔」。實際上，在我們追求財富增長的過程中，有許多的個人或家庭案例，因為遭遇不可預期的人生風險而損失了財富。所以想像一下，我們財富的基層保障如果也能像金字塔一樣穩固的話，那麼，當資產遇到任何風險時，也都能穩健增長而不動搖。相反的，若基層保障沒有做好，就像地基被挖空，我們辛苦累積的資產也會跟著崩塌。

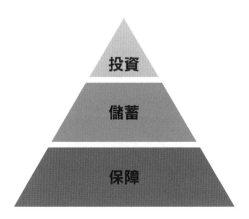

圖 1-2：理財金字塔（一）

資料來源：作者提供

　　無論是大學打工族、剛踏入社會的社會新鮮人、已經打拼一段時間、努力累積存款的小資族，理財規劃一定要從下到上開始執行。最優先的即是底部，先做好保障規劃，其次則是中間的儲蓄（達成不同階段的理財目標，例如：購屋、存第一桶金），最後才是最上層的投資理財（以錢賺錢）。財務規劃的理財金字塔的地基一定要先打穩了，再往上繼續搭蓋。

　　一起來想像我們未來的場景，從年輕時努力打拼到爸爸媽媽的年紀後，小有資產，希望財富能愈來愈多，才有機會過好的生活，不用再為錢拼命。也因為累積了更多的財富後，開始害怕投資賠錢或深怕有任何的損失，會造成更多人生的夢想無法實現，就好像理財金字塔中層的退休規劃、購屋置產、甚至是子女教育金。這時候，醫療保障就如同金字塔的底層保障一樣，穩固的守

住逐漸增長的財富，不至於崩塌。利用保險來轉移人生的風險，那麼，當資產遇到任何風險時，都能穩健增長而不動搖。

在此與大家分享一個發生在我身邊朋友的故事：

我有一對夫妻朋友，非常積極上進，也小有成就。在他們剛結婚時，就訂下目標，兩個人要努力存錢，為了能早日實現財務自由。老公是科技業工程師，老婆是教師。在結婚第十年，他們為彼此存下了 800 萬，正準備開始進入人生的另一波高潮時，很不幸地，老婆檢查出得了腦癌。醫生說老婆就算開刀，因為癌細胞無法完全切除，復發機率很高，而且開完刀後，還得經歷長期的復健過程。

深愛老婆的老公決定和老婆一起共同度過這個難關，於是，毅然決然的辭去了眼前的工作，陪伴老婆、照顧老婆。在兩人都沒了工作收入的情況下，這 10 年存下的 800 萬幾乎大半花在老婆的醫療費用及後續復健照顧上。老公笑笑，絲毫不怨天尤人地對他老婆說：把之前存下的錢花了，就當我們是重頭再開始吧！我羨慕他們愛情中的相扶相持，卻也同情他們現下的遭遇。如果，人生能重來一遍，我會強力提醒他們先做好風險保障，結果就可能大不相同。

理財金字塔從最底層到最上層的三大區塊，分別代表什麼意義？

接下來，我們再把理財金字塔的風險保障、儲蓄理財、投資理財三大區塊細分出不同的需求，可以更清楚的明白年輕朋友在這三大區塊中需要規劃些什麼？

風險保障區塊：

通常指的是人生中會遭遇到風險損失的一種保障。一般無法預估且最常見的風險就是醫療費用支出，就如同我身邊好友的真實故事。此情況若發生在我們周遭朋友身邊，大都難以承受。普通我們會透過意外險、健康險、重大疾病險、甚至產險，來把這部分的損失轉移給保險公司。

儲蓄理財區塊：

儲蓄理財指的是追求收益型收入。在做好風險保障轉移後，追求的是人生不同階段的投資理財目標，例如：子女教育金、購屋置產以及退休金規劃。這個階段因為目標都是階段性的支出，像是子女教育金為每年需要花費的學費；購屋置產需要花費的是每個月的房貸支出；退休金也是透過每個月的固定支出。所以，通常可以選擇用債券型基金、儲蓄保險，這類收益型理財產品做為投資標的的選項。

投資理財指的是追求財富增長及傳承最大化為目標。所以，通常會透過資產配置投資不同風險屬性的資產，例如：股票、債券、保險、藝術品收藏、房地產投資為投資標的選項，目的是讓財富在增長之餘，也能順利地傳承給下一代。

接下來，將詳細的從風險保障區塊談起，如何開始一步步奠定我們理財金三角的地基。

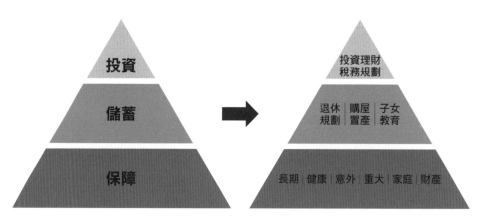

圖 1-3：理財金字塔（二）

資料來源：作者整理

💲 打造醫療三大健康險基金

第一步，檢視保障是否足夠，除了人壽保障之外，也需要為「健康」買保險。醫療險、重大疾病險、長期照護和癌症險，都算是重要的健康險。許多朋友常問我保險規劃的額度，其實因為每個人的背景環境不同，所規劃的保險內容及額度當然也會不同，以下先簡單介紹。你可針對下列人生有可能遇到的狀況，挑選出你會擔心哪種狀況發生，再對每個重點提出的疑問先行思考。

人生有可能會遇到下列狀況，你擔心哪種狀況發生？

1. 走得很早（怕自己責任未了）→家庭保障。
2. 活得很久（怕沒人養、沒有錢）→退休規劃。
3. 走不了又活不好（怕帶給家人負擔）→意外傷殘、健康照護、重大疾病、長期看護。

家庭保障

假設今天發生事故，你不幸離世，那麼明天以後，你的家人要如何維持現有的生活水平？不是僅有最後的喪葬費用而已，而是要將負債（房貸、車貸、信貸、學貸）對遺族（配偶、父母、子女、家人）的照顧都考慮進去，可以按照自己所需，用定期險及終身壽險來規劃。但如果身處於單身，沒有需要扶養或擔心的遺族家人，或許這目前不是你最在意的問題。

退休規劃

　　幫未來的自己及早規劃，進入退休後的黃金 30 年，你為未來的自己準備好了嗎？如果你已經開始擔心這個問題，以下步驟可以協助你。

一、想計算出你必備的養老基金，可以思考以下的問題：

　　（1）目前的年齡：____ 歲。

　　（2）希望退休的年齡：____ 歲。

　　（3）預估存活的年齡：____ 歲。

　　（4）退休後想要過的生活：_____

　　（5）退休時所需生活費：

　　　　每個月的基本生活費：____ 萬／月

　　　　每個月的理想生活費：____ 萬／月

　　（6）希望退休時擁有的一筆圓夢金：____ 萬元

二、計算養老基金來源：世界銀行（World Bank）在 1994 年，建議建立 3 層退休金來源保障。

　　（1）第一層勞保／國保

　　（2）第二層勞退（新／舊制）

　　（3）第三層自我準備

三、計算退休金缺口：運用 WANT–HAVE=NEED 的公式計算 必備的養老基金－養老基金來源＝退休金缺口

　　運用以上的流程可以簡易了解及計算，對自己未來的退休規劃預做準備。但或許現在的你覺得距離退休還有很長的一段時間，所以目前還不是你迫切需要擔心、解決的問題。

健康險醫療傘

在我授課或跟客戶互動詢問中，大多數的人最擔心的是，「走不了又活不好」，因為怕帶給自己或家人負擔，這也就是本書著重的重點。

在目前環境污染、食安問題頻傳和不健康的生活型態下，以及受到二代健保住院診斷關聯群支付制度（Tw-DRGs）的影響，國人就醫時的自付費用也逐漸地增加。我們不僅受到癌症威脅，還包括各種急性、慢性病對身體的侵襲，這些治療的漫漫長路需要不少的費用，更應及早建構醫療三大基金，打造自己「醫療前中後」的醫療三大基金的健康險「醫療傘」。

什麼是醫療三大基金？以下分為住院「前」的及時雨（一次性給付＋緊急預備金）又稱「勇氣基金」；住院「中」的醫療品質（實支實付和定額給付）又稱「安定基金」；以及出院「後」的尊嚴與責任（長期照顧）又稱「尊嚴基金」。

住院前：意外傷殘

意外險規劃分為兩大部分：一部分是意外身故給付，一部分是意外殘廢給付。針對這個部分，我想提醒大家（甚至是保險從業人員）一個常搞錯的觀念，就是把意外身故保障當做是家庭責任的保險，這是很嚴重的錯誤。

我們來想一想，身故的原因分為兩類：一為自然（疾病）死亡，一為意外死亡。意外險只理賠意外造成的死亡（意外定義：

外來直接、突發、非疾病），我們每個人都會有身故的一天，但並非每個人都是意外身故的；如果以意外險來規劃家庭責任的保障，那疾病死亡時並不能獲得意外理賠，便無法真正照顧到家人了。

所以，如果壽險保障規劃完整，遇到意外身故時，其實原本的保障就已經足夠，對家庭反而不會造成什麼影響，但萬一不幸殘廢時，反而會影響工作能力。想想看，什麼程度的殘廢等級會影響到目前的工作，假設發生時給自己一年的時間，有一筆替代收入讓我們安心的適應或尋找新工作，那會需要多少金額才能維持的收入？

住院前：重大疾病／重大傷病／癌症

重大疾病： 指的是：1. 癌症，2. 腦中風，3. 心肌梗塞，4. 冠狀動脈繞道手術，5. 慢性腎衰竭，6. 癱瘓，7. 重大器官移植手術。

重大傷病： 據統計，每 3 分 34 秒就有一人領重大傷病卡，發生時將會影響收入、增加支出（復健費、療養費、生活輔助器材、無障礙空間）。重大傷病卡領件數最多的疾病為：1. 需長期治療之癌症，2. 慢性精神病，3. 需終身治療之全身性自體免疫症候群，4. 慢性腎衰竭（尿毒症）必須定期透析治療者。

癌症： 隨著環境污染等因素，國人罹患癌症的機率越來越高，而標靶藥物則是未來癌症治療的趨勢，但其驚人的開銷費用，相信對許多人來說都是沉重的負擔，平時即需存有一筆給付

的預備金。

據保發中心報告顯示，從 1996 年至 2012 年，保戶在理賠重大疾病給付金後 1 年仍存活的比例是 84.73%，5 年存活率是 66.38%，而當我們試想未來可能罹患重大疾病或癌症影響收入，需要一整筆錢來因應復健及療養時，應該規劃幾年、多少的生活費與預備基金，上述的數據或許可提供你做為參考。

也許你會有疑問，癌症險及重大疾病險之間究竟有何不同？簡單說明如表 1-1。

表 1-1：癌症險跟重大疾病險的差異

險種	癌症險	重大疾病險
給付項目	1. 初次罹癌 2. 住院 / 門診 / 化放療 3. 身故 4. 其他：骨髓移植	七項重大疾病 心肌梗塞 / 腦中風 / **癌症** / 癱瘓 / 慢性腎衰竭（尿毒症）/ 器官移植 / 冠狀動脈繞道手術
優勢	**對抗癌症長期治療的狀況** 可提供較廣泛的保障	**患病初期即拿到一筆保險金** 不必收集單據等，爭議較少
缺點	多數癌症險 初次罹癌一次性給付低 **初期無法給予必要的幫助**	若無正確的管理保險金 這筆錢可能在不知不覺中用完 **長期治療下額度可能不足**
總結	挑選一次性給付高 門診給付高的癌症險	可用癌症險為輔助 兩者相輔相成，長短治療適用

資料來源：作者提供

住院中：醫療保障

　　人吃五穀雜糧，當有需要住院時，希望的醫療品質是什麼？有沒有習慣的醫療院所？想住的病房等級是單人房？雙人房？還是多人（3 至 6 人）同住之健保房？短期住院家人或許可以照顧我們，但若需要長期住院時，希望聘請專業的看護嗎？因為疾病或意外造成收入中斷，有沒有需要規劃薪資補助，讓我們住院時不需要擔心？

住院中：癌症保障

　　2016 年癌症統計，平均每 4 分 58 秒就有一人罹癌！以國人最常見的十大癌症來說，儘管住院天數、總花費因病情而異，沒有確切的統計數字，但是一般來說，手術、化療、放射線治療都有健保給付，病人需要自費、花最多錢的反而是自費用藥的部分。除了標靶治療、免疫性高蛋白、止吐劑等昂貴的自費藥材，加上癌症患者終止工作，家人也得辭去工作專心照顧，往往讓家庭經濟陷入困境。所以癌症住院期間的病房與化療、放療費用，以及一筆給付的重大疾病險都是規劃的重點。

住院後：長期照護

　　所謂「久病床前無人理」，其實，家中只要有一個人需要長期照護，就會造成家人經濟及精神上的壓力與負擔。通常我們需要住院醫療時，可以用全民健保來幫忙支付費用（詳見圖1-4），可是有很多時候是需要在家長期照護的，這是全民健保會支付的嗎？萬一真的需要長期照護時，一定要能確保經濟來源，才可以安心的養病而不需擔心看護費用，這是需要早期規劃的。

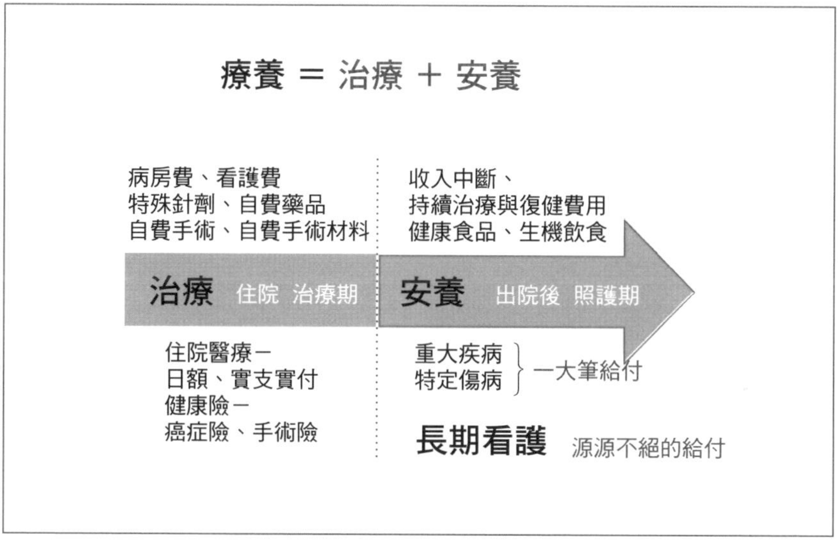

療養 ＝ 治療 ＋ 安養

病房費、看護費
特殊針劑、自費藥品
自費手術、自費手術材料

收入中斷、
持續治療與復健費用
健康食品、生機飲食

治療 　住院 治療期　　安養 　出院後 照護期

住院醫療－
日額、實支實付
健康險－
癌症險、手術險

重大疾病
特定傷病 ｝一大筆給付

長期看護 　源源不絕的給付

圖1-4：健康險支付的範圍

資料來源：作者整理

而長期照護究竟需要多少錢，可參考圖 1-5。

提早規劃長期照護可以確保個人以下 3 項的尊嚴與責任。

1. 確保經濟來源。

2. 安心養病。

3. 不需擔心看護費用。

或許你有疑問：長期照護是銀髮族的保障，年輕人不用買？

長期照護需要很多錢

不能自理，需他人扶助（失去生活能力）。甚至有失語、失認、失行等之病灶症狀。

自理定義：為維持生命必要之日常生活活動，係指食物攝取、大小便始末、穿脫衣服、起居、步行、入浴等。

一次性支出費用		長期性支出費用（重覆購買項目）	
器材	**費用**	**耗材**	**費用（每月）**
輪椅	手動：3,500~15,000 元	寢具、衣服	約 2,000 元
		成人紙尿布	約 3,600 元
電動床	約 2 萬元	交通費	約 1,000 元
氣墊	約 1.2 萬元	衛生醫療用品（手套、濕紙巾）	約 2,000 元
特殊衛浴設備	約 1.5 萬元		

圖 1-5：長期照護一次性及長期性支出費用

資料來源：作者提供

　　就衛生福利部統計，截至 2014 年底，台灣身心障礙人數已超過 114 萬人次，前兩名「肢體障礙」、「重要器官失去功能」約占 46%，而其中 30 至 64 歲以下青壯年族群人數便超過 5.5 萬人。因此「殘廢失能」不是高齡者的專利，青壯年族群也占一定比例，一旦在青壯年時期發生失能狀況，需要長期照護的時間則更長。

　　國人殘廢原因前 3 項為疾病（占 57%）、先天（占 12%）、意外（占 6%）。現代人生活壓力增加、飲食作息不正常，愈來愈多的年輕人及中壯年族群因病倒下，因此若沒有足夠的保險做為醫療後盾，將造成家庭經濟及長期照護的重大負擔。

🅢 為無法防範的事故多一層保障－汽／機車財產保險

　　近年法院判賠車禍的賠償金額屢創新高，尤其是被害人因車禍變成植物人或癱瘓，判賠金額都從千萬起跳，因此建議每個有汽、機車的人，除了強制險外，都應該加保第三責任險，以彌補強制險的不足及應付可能面對的高額理賠案件。其實保費非常少，但其提供的保障卻很高（以作者投保 1,000 萬保障為例，一年保費約 2,000 元），而且在發生事故時，還能有保險公司幫忙處理後續事務。現在還有些公司可在事故發生當時，理賠人員即在 30 分鐘內到達現場服務，讓我們遇到車禍事故時不會不知所措。

一般民眾大多認為，「我不會那麼倒楣」，但近年，天價賠償案例增加許多，所以大家切勿存有僥倖，不然一旦發生，龐大的責任賠償將會影響自己一輩子的生活及理財計畫。另外提醒大家，雖有投保第三責任險，但酒駕、無照駕駛或故意行為都不在理賠的範圍內，除非另附加「酒償險」，保險公司才會理賠酒駕肇事。但酒測值若超過 0.55，或酒測未超過標準可是被法院認定觸犯公共危險罪，仍不在理賠的範圍內唷！

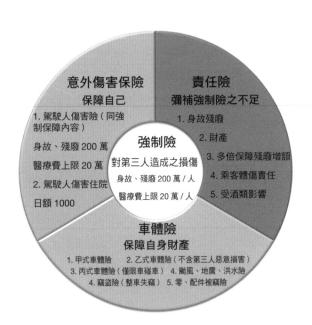

圖 1-6：汽／機車財產保險的種類

資料來源：作者整理

⑤ 保費要規劃多少才足夠？「理財金三角」教你簡單分配

　　許多人會問，如果上述的保障都要顧好，這樣保費是不是會高到無法負擔？保費預算又要如何規劃？或要多少才足夠？這個部分我們可以運用簡單的「理財金三角」概念來規劃。

　　什麼是「理財金三角」（請參考圖 1-7）呢？簡單來說，就是將一般家庭的年收入進行三等分的分配，除了日常生活支出之外，還有投資理財及風險管理，共三大部分。

　　「理財金三角」的由來是美國勞工局進行一項退休調查，他們追蹤 100 位 25 歲的哈佛高材生進入社會開始工作後的財務狀況，結果發現他們在 40 年後的退休情況（請見圖 1-8），有 49% 是靠社會救濟或子女扶養，只有 4% 經濟獨立、1% 財富自由。

　　在分析這其中的個案之個別的財務狀況及消費模式後，發現 5% 經濟獨立的個案大多將其收入做了妥善的分配，也就是我們耳熟能詳的理財金三角架構。在當時的時代背景，建議的比例是 60：30：10；即是將收入的 60% 做為生活支出的預算，30% 做為投資理財的預算，最後，10% 做為風險管理的預算。不過，經過通貨膨脹、醫療費用和保費的逐年調高，以及在國人平均壽命愈來愈長的情況下，建議隨著年齡與收入的增加，收入分配的比例可以逐步調整成 50：30：20 的收入分配比例。

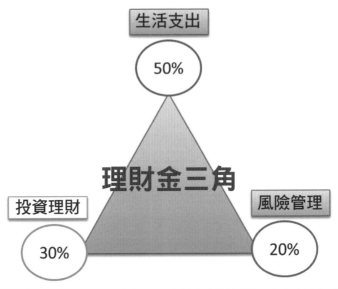

家庭年收入支出項目	內容	分配比例
家庭日常支出	食、衣、住、行、育、樂、孝親等	50%
投資理財	短、中、長期 退休、置產、子女教育理財目標	30%
風險管理	壽險、健康險、傷害險等保險費用	20%

圖 1-7：用理財金三角決定保險支出

資料來源：作者整理

　　所謂家庭日常生活支出，包括個人、家庭成員的食、衣、住、行、育、樂、孝親費等開支；而投資理財則是每個家庭針對不同的理財目標所做的投資準備；至於風險管理，則是以保險的方式針對家庭成員提供保障，確保家庭成員不會因為意外的災害而收入中斷或減少財富。

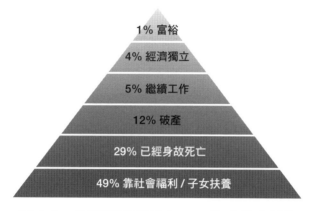

1% 富裕

4% 經濟獨立

5% 繼續工作

12% 破產

29% 已經身故死亡

49% 靠社會福利／子女扶養

**圖 1-8：美國勞工局調查 100 位哈佛高材生
之退休後的財務狀況**

資料來源：作者提供

　　對於理財金三角的資源配置，依據各個家庭成員的不同屬性
會有不同的分配比例，但通常包括個人、家庭、子女之食、衣、
住、行、育、樂、孝親費、稅金、勞健保費等各項生活花費的加
總，盡量控制在目前年收入的 50% 左右，如此才有空間規劃其
他的理財目標，而逐漸地累積財富，並且較能夠持續掌控生活的
品質。

　　至於投資理財，則是家庭生活中必須重視的一環。建議可以
將財務目標分為 3 至 5 年的短期理財目標、5 至 10 年的中期理財
目標，以及 10 年以上的長期理財目標。另外，至少要提撥年收
入的 30% 在投資理財，有計畫地完成生涯規劃中重要的理財目
標。而年收入中的 20%，則做為包含壽險、健康險、傷害險等風
險管理的保險費用，對於現代的個人和家庭是極其重要的。不僅

可以隨時提供個人與家庭成員在生活中各方面的實際保障，也保護到其他 80% 的年收入，更能夠保全辛苦累積的資產，不會因為收入來源中斷（發生事故）而遭受折損。

只要運用上述簡單的理財金三角原則，甚至減少生活支出、增加更多的投資理財，就可以妥善做好理財規劃，並可以確保現在的生活、退休後的生活以及因意外中斷工作時的生活，都能夠有足夠的財富維持良好的生活品質，掌握富裕人生！

等保障做好了之後，再邁向金字塔中間儲蓄的部分。扣除了保險和儲蓄，剩下的錢再用來做為投資的運用，多了這道保護，就可以讓我們的未來免於擔憂，投資理財計畫也可以在我們的掌握之中了。

好啦，透過本章節的「人生週期表」、「理財金字塔」、「理財金三角」的觀念及方法，希望能幫助年輕朋友理解著手規劃打造自己專屬的健康險防護網，對你累積財富的開始有多麼的重要。下一章節，將教導你如何幫自己規劃符合你自己需求的第一份健康險保單。但如果你的第一份保單，已經由父母親幫你規劃好了，你也可以透過本書的章節順序，一步步幫自己檢視、確定你的保險需求，以及現有的保單是否符合你現階段的需求，而學會如何用小錢幫助自己規劃出大保障。

第二章

20 ～ 30 歲的小白怎麼買健康險，這些誤區要避開

記得有一回在搭捷運時遇見一位媽媽，攔著我就問：「老師，老師，我女兒現在 26 歲，剛開始工作，我該怎麼幫她買保險。」被問得一頭霧水的我，本能反應想著她是不是認錯人了。經過幾個問題的確認，原來她是在電視上看過我聊過社會新鮮人投保健康險的事，所以，迫不及待在路上就直接問起了保險的事。傷腦筋的是，就如同第一章提到，保險是理財的基本風險保障，但也得因應每個人的不同財務狀況和需求來做適當安排。每次被直接問到這樣的問題，的確很容易出現 3 條線的窘境。那麼這個章節我就來說說，到底 20 ～ 30 歲的年輕人該如何規劃健康險，以避免踩到坑，多花了冤枉錢。

⑤ 學會 3 個基礎原則，買保險不被坑

> **原則一、先問自己為何買保險，搞懂自己最大風險在哪，做好規劃的優先順序及收入預算分配**

我到底要用多少預算來買健康險？

還記得在第一章節提到的理財金三角，分享了用 10 ～ 20% 的收入比例預算分配在風險管理的部分。例如：社會新鮮人，月

薪 2 萬 5 千元，那麼合理的保費預算是 2,500 ～ 5,000 元，以此類推。

　　也因為大部分的年輕朋友剛出社會，平均薪資不高，若還有學貸或房租的壓力，那麼如何在一開始花小錢、買對保險，就很重要了。也可以讓自己有多餘的收入預算，來幫助自己規劃進一步的投資理財計畫。

　　在第二章一開始，再給大家一個家庭資產配置藍圖的資產配置比例建議。當你從社會新鮮人邁入 30 歲階段，若真的能堅持運用理財金三角來分配你的收入，相信你可能已經有了第一桶金。在這階段，你也可以參考作者的另外兩本書《讓你更有錢的 6 ways》和《找到 7% 的定存》，來當做你 30% 收入預算比例進行投資理財的參考作法。

　　這時候，你可以將累積的資產或第一桶金分成 4 份，分別是：1. 要花的錢 10%；2. 保命的錢 20%；3. 生錢的錢 30%；4. 保本升值的錢 40%。為什麼要這樣分配呢？

　　根據標準普爾（S&P）全球最具公信力的信用評等機構，調查研究了全球 10 萬個資產健康、財富穩健成長的家庭，並從這些家庭理財行為裡，由最合理且穩健的家庭資產配置方式個案得到了以下的表 2-1。

　　S & P 把資產分成 4 個帳戶，這 4 個帳戶分別有不同的功能，按照固定合理的比例進行分配。根據統計，大部分的家庭資產都能長期持續、穩健的增長。

表 2-1：標準普爾家庭資產分配表

要花的錢（10%）	保命的錢（20%）
• 短期消費要點：3～6個月的生活費，食、衣、住、行。	• 意外重疾保障要點：專款專用、以小博大，解決個人、家庭突發狀況的大筆開銷、醫療費用、財物損失等。
生錢的錢（30%）	**保本升值的錢（40%）**
• 重在收益要點：股票、基金、房地產等。投資≠理財。看得見收益，就看得見風險。	• 保本升值要點：養老金、子女教育金等儲蓄險、債券等。本金安全、收益穩定、持續增長

資料來源：作者提供

　　既然知道將資產分成 4 份的好處，那麼到底為什麼要將你的資產分成 4 大部分呢？在這裡，我會建議年輕朋友知道方法和經驗，也可以試著了解為什麼要這麼做以及如何做。透過以下的解釋，讓大家明白如此規劃的好處是什麼。

1. 要花的錢 10%

　　也就是緊急預備金的概念；這個部分的重點是準備 3 ～ 6 個月的食、衣、住、行生活開銷費用。目的是萬一工作收入中斷了，還可以用這部分的錢來應付 3 ～ 6 個月的開銷，而不致於動用到投資理財的資金，甚至是中斷你的保費支出。

　　在這裡一定要特別強調預留這筆錢的重要。因為，有太多年輕個案買了健康險後，因為繳不出錢而中斷了自己的風險保障規

劃。等過幾年後，手頭寬裕了，再買保險時，因為年齡以及保費的調漲，你可能要比之前多花 1 至 2 成的保費支出，才能獲得一樣的保障內容，這是一件非常不聰明的事。

甚至有案例是保費中斷後，出了車禍造成骨折，不但損失了醫療費用，想馬上再恢復投保，也不見得能馬上投保了。

2. 保命的錢 20%

這部分通常指的就是健康險、壽險、車險之類。因為壽險或某些還本型的健康險，具備有保單價值準備金，所以，保單價值也可以視為資產的一部分。這部分規劃的重點就是以小博大，用小錢將風險轉嫁給保險公司，並獲取最大的風險保障額度。

3. 生錢的錢 30%

這部分通常指的就是投資風險性資產的比例，例如：股票、基金或房地產。以目前市場的普遍預期合理投資報酬率 10～15% 計算，可以讓年輕人自己的資產穩定、健康的成長，而不致於大起大落。

4. 保本升值的錢 40%

這部分通常指的是為了滿足中長期理財需求，例如：子女教育金、購屋頭期款、退休規劃。用來對抗通膨，保本保值的錢，通常適合放在債券、儲蓄保險類型，比較穩健，波動不像股票那麼大的資產上。

綜合以上 4 個分法，舉個例子來說，若你現在手頭上有 100 萬的資產，那麼可以分配 10 萬元在「要花的錢 10%」，用來做為日常生活開銷的緊急預備金；分配 20 萬元在「保命的錢 20%」，利用重大疾病加壽險的保單價值準備金來規劃；再分配 30 萬元在「生錢的錢 30%」，可以投資在高風險但有機會帶來高報酬的股票或者是股票型基金；最後，40 萬元分配在「保本升值的錢 40%」，做為未來的子女教育金、購屋基金、退休金規劃的用途。

我真的搞不清楚要買什麼健康險？

做好了收支與資產的預算規劃後，知道賺錢和存錢不容易，那麼，要如何用小錢買對保險，避免踩到坑，接下來，則是在開始購買健康險前，我們再來思考一件事，「到底我的情況要買什麼樣的保險才對」。

大約在 70 年代，老一輩大多會認為保險是騙人的，再深入問老一輩的人有沒有買保險？大多也會猛點頭，回答是：「有，

有，有，買了很多保險」，好像深怕被保險顧問推銷打擾，但真實的情況是，以為自己買了健康險，而絕大多數卻只是買了可以還本的儲蓄險。儲蓄險的理賠條件是身故保險金是給付給受益人的壽險（死亡險），所以，一旦生病住院，則是半毛錢都賠不到的，除非身故。試想，若你買了健康險，繳了好多年，終於需要派上用場，以為自己買的保險可以獲得理賠，但當被保險公司告知無法理賠時，肯定會認定保險是騙人的。其實，這樣的案例早期還挺多的。

奉勸各位年輕朋友，若再聽到有人跟你說保險是騙人的，你一定要奉勸他，要他不要到處跟人家說「保險是騙人的」，因為，他自己的經驗不代表別人的經驗。也或許他有足夠的財務能力可以承擔，萬一發生疾病或意外的大筆醫療費用支出，但卻可能害了一個相信這句話的年輕朋友，因無法承擔未來遭遇風險時的大筆損失，而陷入困境。

所以，為了要避免這樣的誤會發生，建議在買健康險時，先搞清楚自己為何要買保險，並且不要怕麻煩，仔細地把想法和保險顧問溝通。畢竟，這是拿來保障一輩子的事，不是嗎？

我問過許多年輕朋友為什麼想買保險時，大多數人會說爸媽或女朋友叫我買的，或者是剛出社會開始有收入，想為自己買一份保險，聽起來也都蠻合理的，但總覺得好像少了什麼。

接下來，我們試著用倒推法來思考，「不到 30 歲的我，為什麼要買保險」這個問題的答案。

先問自己第一個問題：

問題一、萬一發生醫療事故，你最擔心的是什麼事？

① 突發、普通疾病或意外
② 家族慢性病史

①若你最擔心的是突發、普通疾病或意外，例如：盲腸炎、子宮肌瘤、車禍等，那麼在健康險的規劃考量上，通常會建議以補償收入中斷及大筆的醫療費用開銷為主要考量。所以，住院時的病房費用、手術費用、請病假造成的薪水損失，都是考慮規劃的範圍。

　　舉個例子，小李月收入 3 萬元，因急性盲腸炎住院開刀，可能得住院 3 ～ 5 天，因而必須請 3 ～ 5 天的病假。扣除健保給付後，病房費加上手術費，以及請假可能損失的薪水，若沒有健康險保障，那麼可能得自費 2 萬 3 千元左右，相當於社會新鮮人一個月的薪水。

表 2-2：急性盲腸炎住院開刀所需自費費用

病名：盲腸炎

項目	單價	次數 / 天數	金額
病房費	2,000 / 天	3 ～ 5 天	6,000 ～ 10,000
手術費	8,000 / 次	一次	8,000
薪水損失	1,000 / 天	3 ～ 5 天	3,000 ～ 5,000
總計			17,000 ～ 23,000

資料來源：作者提供

②若你擔心的是家族病史，例如：癌症、糖尿病、高血壓等，那麼在健康險的規劃考量上，通常除了補償收入中斷及大筆醫療費用開銷之外，必須考量到因為此類型的家族病史，大多是慢性重大疾病。這時，除了①中提到的病房費、手術費及薪水損失補償之外，在健康險的規劃上就得再考慮到專人看護的費用、昂貴的醫材和醫藥費用之開銷。

表 2-3：癌症治療支出可能產生的費用

類別	項目	金額
標靶藥物	乳癌	5～8 萬／月
	大腸癌、口腔癌	15～25 萬／月
	肝癌、腎細胞癌	15～25 萬／月
新式放療	螺旋刀	14～35 萬／月
	6D 亞瑟刀	2～25 萬／月
新式手術	聚焦超音波	5～10 萬／月
	達文西手臂	15～45 萬／月

資料來源：各大醫院網站／國泰人壽，以上資料僅供參考，2018 年 12 月 25 日。
製表：Money101.com.tw

接下來，再問自己第二個問題。

問題二、萬一因疾病或意外傷害事故而住院時，通常在醫療費用裡面最大筆的開銷是什麼？不外乎是住院的病房費、手術費以及藥品材料等雜費。那麼，你希望透過保險可以幫助你什麼？

① 填補醫療費用損失
② 生病無法工作的收入補償
③ 獲得優質的醫療品質

保險小百科：

· 什麼是**意外傷害事故**：指非由疾病引起的外來突發事故。
· 什麼是**疾病**：係指契約生效日起，持續有效 30 日以後才開始發生之疾病。
· 什麼是**住院**：係指被保險人經醫師診斷其疾病或傷害必須入住醫院，且正式辦理住院手續，確實在醫院接受診療者。
· 什麼是**住院醫療費用保險金**：也就是我們俗稱的醫療雜費，按被保險人住院期間內所發生，且依全民健康保險規定，其保險對象應自行負擔及不屬全民健康保險給付範圍之第三項各款實際支出之住院醫療費用。

　　想清楚你擔心的損失和對健康險希望帶給你的幫助之後，若你的答案是①填補醫療費用損失，那麼，我們開始來思考一下，一般住院後會發生的醫療費用的具體數字。

表 2-4：期待醫療品質需求調查表

需求	情況	可能費用
萬一發生醫療行為你最擔心的是什麼事？		
住院希望選擇什麼類型的病房？		
需要請專人看護嗎？		
需要薪水補償嗎？		

資料來源：作者提供

1. 病房費：

　　如何選擇優質的醫療品質呢？我們一樣可以問自己一個問題：萬一生病住院，你會選擇自己一個人住，可以好好休息、不被打擾的單人病房，還是雙人病房，旁邊可能有其他生病的病人及探望家屬的開放空間？甚至是健保給付，不用自費的四人病房？你可以參考表 2-5 之各大醫院病房費用列表，了解目前在你所在區域或你信任之醫院的不同類型病房費用的金額，有利於你在規劃健康險時，找到適合你的規劃額度。

表 2-5：各大醫院病房費用列表

地 區	醫 院	健保升等補差額		自費病房費用	
		單人房	雙人房	單人房	雙人房
台北	台大	3,600 ～ 8,000	1,600	5,933 ～ 10,333	4,740
	和信治癌中心	3,800 ～ 8,400	0	4,278 ～ 8,878	2,678
	台北長庚	3,000 ～ 4,000	2,300	3,470 ～ 4,500	2,770
	林口長庚	4,000	2,000	4,470	2,470
	馬偕－台北	4,500 ～ 5,500	1,800 ～ 2,700	4,180 ～ 6,860	3,160 ～ 4,060
	馬偕－淡水分院	3,000 ～ 4,500	1,300 ～ 2,500	4,360 ～ 5,860	2,660 ～ 3,860
	國泰	4,560	2,060	6,250	3,750
	北醫附設醫院	3,600 ～ 5,100	800 ～ 2,500	5,500 ～ 7,500	3,600
	新光	4,500	2,480	5,098	3,078
	台北榮總	3,500 ～ 5,720	1,900、2,400	5,339 ～ 7,559	3,339 ～ 3,739
	振興復健醫學中心	3,780 ～ 9,900	1,800 ～ 2,500	5,646 ～ 12,446	3,246 ～ 3,946
	三總	3,500 ～ 15,000	1,500	4,680 ～ 16,180	2,680
台中	台中榮總	3,380 ～ 8,000	1,500 ～ 2,200	3,917 ～ 8,537	2,012 ～ 2,312
	中國醫藥大學	3,650 ～ 11,900	1,650 ～ 2,500	4,321 ～ 12,571	2,321 ～ 3,171
	大里仁愛綜合	2,300 ～ 7,000	1,600 ～ 1,800	3,300 ～ 8,000	2,600 ～ 2,800
	童綜合醫院	1,500 ～ 5,000	900 ～ 1,900	4,880 ～ 6,600	3,490
	慈濟－台中分院	3,000 ～ 7,000	1,600	4,390 ～ 8,490	3,490

（續下頁）

表 2-5（續）

地 區	醫 院	健保升等補差額		自費病房費用	
		單人房	雙人房	單人房	雙人房
台南	成大	4,500〜6,300	1,580	6,000〜8,000	3,000
	奇美	3,000、4,800	1,380、1,680	4,490〜6,290	2,870、3,170
	台南市立醫院	2,200〜7,500	1,000〜1,200	4,035〜9,335	2,835〜3,035
	郭綜合醫院	2,400、3,200	1,600	3,400、4,200	2,900
高雄	高雄榮總	2,300〜8,800	1,400〜2,000	4,021〜10,521	3,121〜3,721
	高雄醫學大學	2,500〜3,000	1,320、1,500	3,500〜4,000	2,300〜2,700
	高雄小港醫院	2,000	1,200	3,547	2,747
	阮綜合醫院	3,500	1,600、1,800	4,500	2,500、2,700
	義大醫院	3,600、4,500	1,900(1,520)	5,000〜6,000	3,000
	高雄長庚	4000	1,200	4470	1,670
屏東	寶健醫院	2,300〜6,000	1,100、1,300	3,346〜7,046	2,146、2,346
	屏東基督教醫院	2,500〜4,000	900〜1,500	3,912〜5,412	2,312〜2,912
	衛生福利部－屏東醫院	1,800〜2,800	800	2,612〜4,212	1,662〜1,912
	安泰醫院	1,800、2,000	800、1,000	2,300、2,500	1,200、1,400
宜蘭	羅東博愛	2,000〜3,000	900、1,200	3,068〜4,068	1,968、2,268
	羅東聖母	1,350〜2,500	550〜1,200	3,000〜4,150	2,200〜2,850
	榮總員山分院	600	350	1,036	786

（續下頁）

表 2-5（續）

地 區	醫 院	健保升等補差額		自費病房費用	
		單人房	雙人房	單人房	雙人房
花 蓮	衛生福利部－花蓮醫院	900、1,800	300	1,939、2,839	1,339
	慈濟－花蓮醫院	2,000～2.800	1,000、1,200	5,890～6,690	3,890、4,090
	門諾醫院	2,000～3,900	1,000	3,800～5,600	3,100
台 東	馬偕－台東分院	2,000～3,200	1,200、1,600	3,046～4,246	2,246、2,646
	衛生福利部－台東醫院	1,500	800	2,020	1,320
	基督教醫院	2,500	1,000	3,000	1,500

◎若無全民健保或其他社會保險身分而住院者，除 "病房費" 之外，其他各項醫療相關費用均須全額自行負擔。

◎以上費用明細均不含伙食費。

資料來源：奇韋系統公司，調查日期：2018 年 3 月 5 日

2. 手術費用：

　　若發生意外傷害或疾病，需要進一步的手術行為，除了健保給付外，還有自費的項目，這部分也是需要考慮進去。

　　例如：治療呼吸中止症，目前每 100 名成年男子就有 4 位，100 名成年女子就有 2 位，若未能積極治療，嚴重者可能會增加罹患心血管疾病的發生率。若使用達文西手臂進行微創手術，特

色是傷口小、時間短、恢復快，較不會傷害到布滿神經與血管的口腔及舌部，但因健保沒有給付，就得自費 9 萬～ 13 萬元。

3. 醫院雜費：

通常指的是健保給付之外的自費項目，例如藥品、醫師診療費、材料費、血液等其他雜支。例如：骨折裝鋼板、鋼釘，可能就要花費到高達 6 萬 5 千元的自費費用。

4. 專人照護費用：

接下來再問自己一個問題，若是開刀後，在病床上無法自行下床走路、洗澡、進食，那是否會請專人看護照料，還是請自己的家人抽空照顧就好？若你不想要麻煩家人或打擾家人，或者父母已年邁，請個專人住院看護的確是最好的解決方法。目前醫院配合的住院看護，可分為全日及半日住院看護。半日看護一天收費約 1,000 ～ 1,400 元，全日看護一天收費約 2,000 ～ 2,400 元。提醒年輕朋友，這個收費在這幾年之內已經漲價了 10 ～ 20%了，可以預期未來因為人力缺乏以及成本提高，看護費用調漲是可以預見的。

表 2-6：住院看護費用

收費項目	計費區間
全日住院看護（24 小時制）	2,000 ～ 2,400 ／日
半日住院看護（12 小時制）	1,000 ～ 1,400 ／日

資料來源：參考 2019 年各醫院的看護收費價格，作者製表

若住院 10 天，申請一個全日看護就要花費 20,000 ～ 24,000 元的費用，幾乎快是年輕朋友的一個月薪水了。

5. 薪水損失補償：

接下來再問一個問題，萬一生病請假，你會因此沒工作，也就沒了薪水或被扣薪嗎？若生病會減少你的收入，你是否需要用病房費的額度來補償你的薪水損失？

你可以透過「醫療品質需求調查表」來找出你在以上這些項目需求的預算，然後再和保險顧問討論如何規劃達到以上額度的保險商品，或者參考第三章的健康險規劃方式。

原則二、依據二代健保遊戲規則進行規劃，讓保障最大化，再考慮定期或終身

二代健保 DRGS 實施後，民眾就醫的自費項目變多了，也出現了所謂「同病同酬」的現象。同病同酬聽起來很明白，但卻不知和我們有什麼切身關係。接下來，我們就用消費者的角度來告訴年輕朋友，這個健保制度帶來了什麼樣的影響。

以下簡單歸納出 3 個重點：

重點一、住院天數減少

有個案例，小如 26 歲，因為女性子宮肌瘤住院開刀，由於

體質的狀況不同，其復原的情況也大不相同，原先可能需要住院 5～6 天才能復原的，但健保參考過去同類的病例個案經驗取得的平均值，判定類似的疾病只要住 3～4 天就可以出院，那麼，健保只會給付 3～4 天的費用，而醫師也會主動提醒你何時該出院囉！這時的你，就只能 "帶病出院"，而小如就在開刀後傷口還沒好的情況下離開醫院，走路時還得扶著牆壁，踉踉蹌蹌的走出醫院，心裡面肯定是苦不堪言。

重點二、自費項目增加

用盲腸手術說明 DRGs：

1. 如果衛福部將 DRGs 盲腸手術支付定額訂在新台幣 10 萬元，未來醫師開刀只花了 7 萬元，衛福部仍會給予 10 萬元，醫院及醫師獲利 3 萬元。

2. 如果醫師開刀花了 13 萬元，衛福部還是給予 10 萬元，醫院及醫師虧損 3 萬元。

3. 如果醫師可以合理解釋 13 萬元的用途，例如病人是罕見疾病患者，需要更謹慎的照顧，衛福部就會給予 13 萬元。

　　如此一來，醫院在考量盈利的情況下，很自然地會讓病患選擇是否用自費的材料或治療方式來進行治療。所以，自費的項目及金額就會愈來愈多，愈來愈高。

重點三、愈來愈多的手術不用住院手術，門診手術就可以解決了

　　因健保給付制度的改變，為了節省醫療資源以及醫療科技的

發達，過去需要透過住院手術治療的疾病，現也逐漸改為門診手術就能處置了。在降低了住院的麻煩與減輕病人痛苦的同時，也代表門診手術的自費費用也會跟著提高。

什麼手術開始不用住院呢？例如：疝氣、痔瘡手術、脂肪瘤、拔智齒手術等。

從以上的 3 個重點，了解在健保制度下會花到什麼醫療費用後，建議年輕朋友規劃健康險時，必須考慮到規劃能理賠病房費、住院及門診手術費及自費醫療雜費項目的實支實付保險，來因應住院天數減少、自費項目增加、門診手術比例變高的趨勢。然而，實支實付保險是定期險，並沒有終身險。所以，若一味地只考慮到繳費 20 年保障終身的方便性，那就可能得承受以上 3 個費用大部分都還得自己掏腰包的可能。詳細的規劃方式，請參考第三章。

保險小百科：

什麼是同病同酬？（資料來源：現代保險雜誌，2018.05.01）

DRGs（Diagnosis Related Groups）就是「診斷關聯群」。針對同一種疾病相同複雜程度，醫院不論採用何種治療方式、藥物、住院天數，健保原則上給付醫院同樣的價錢。也就是把健保過去採用的「論量計酬」方式，變為「包裹式給付」。

DRGs 就是一種「同病同酬」的支付概念。在同病同酬制度下，醫院或醫師做得越「好」獲利越多；以前的「論量計酬」，是做得越「多」領得越多。

被納入「住院診斷關聯群」的疾病，只要是同樣疾病組合的住院病人，健保給付醫院同一價錢，費用涵蓋病人住院、檢查、手術、醫材等，稱為包裹式給付。因此，當病人想用健保不給付的新醫材時，需以「差額負擔」的方式選擇新產品，也就是在扣掉健保給付的金額後，自付差價。

原則三、健康險以平準保費優先考慮，還本型的放在 最後

在花小錢買大保障的精神下，有一句話請年輕朋友一定要牢記在心，那就是「羊毛永遠出在羊身上」。在我過往從事一對一理財規劃服務的經驗中，最常碰到的個案大多是希望在比較保險商品中買到最便宜的費率，或者堅持要購買一定能還本的健康險。但實際上，這樣買保險也會讓你冒著可能更大的風險，甚至買了健康險，仍要花到大部分自己的錢，為什麼呢？

先來說說還本型健康險的概念。大部分還本型健康險的概念，就是保險公司把保戶所繳的保費扣除相關費用後做為投資本金，在經過預期年報酬率及年期試算後，將獲利部分拿出來購買定期健康險，等到期後，再把本金全部或部分退還給保戶。也因為如此，還本型醫療險的保障內容大多比較陽春，只提供病房費保障。若有手術或者自費的藥材費用，保戶就得自掏腰包。所以，建議年輕朋友回到"原則一"，確認一下自身的健康險保障需求。那麼到底什麼人適合購買還本型儲蓄險？通常，我會建議年輕朋友，先做好完善的健康險規劃後，如果又想提高健康險的額度，又想強迫自己儲蓄，這時候，就可以考慮規劃還本型的健康險了。

接下來，我們來思考一下，什麼是平準化保費？又為什麼要優先規劃平準化保費呢？

保險小百科：

‧ 什麼是**平準保費**：指的是保險期間，年繳保費的金額都是固定的。

‧ 什麼是**自然保費**：又稱階梯式費率，指的是保費會階段性隨著年齡及風險的不同而上調保費。

表 2-7：自然保費與平準保費的差異

種類	自然保費	平準保費
保費特性	隨年齡及風險不同，上調保費	保險期間，年繳保費金額固定
調整規範	通常每 1 年、5 年或 10 年上調保費，又稱為階梯保費	保費固定不變
優點	年輕時繳費壓力低，有較多預算可以投資理財	保費固定不變
缺點	老年時繳費壓力大，若沒做好財務規劃，有繳不出保費的風險	年輕時繳的保費比自然保費高

資料來源：作者製表

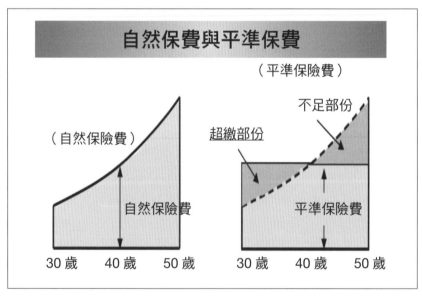

圖 2-1：自然保費與平準保費差異圖

⑤ 只需 4 步驟，這樣買保險最划算

透過上面 3 個買保險的基礎原則，年輕朋友可以清楚地了解到自己需要什麼樣的健康險，在第三章會教你如何挑選合適的健康險產品和種類。而在進入到挑選健康險商品之前，你要先做好哪些準備功課呢？

男生女生怎麼買健康險，4 個準備步驟：

步驟一、貨比三家不吃虧

目前保險公司有好幾家，在這裡不評論保險公司的差異，但為了讓自己第一次買健康險不被坑，建議可以找至少 2 家，最多 3 家的保險公司產品來做比較。不過，也不用比到第四家，因為比來比去，到最後可能暈了頭的是自己，反而沒有幫助。通常找保險公司有幾個方式：

1. 從自己父母親投保的保險公司著手，一方面也可以問問爸媽的意見。

2. 從自己做保險的朋友找起。不過，得提醒自己別落入人情的壓力，而不好意思拒絕。

3. 找自己工作的公司所投保的團險窗口詢問，通常經過公司篩選過的保險公司，相信也會有一定的口碑。而且，既然是服務於自己工作的公司團險，服務上也可能會更便利些。

步驟二、找個講白話，你聽得懂的保險顧問

選定了保險公司之後，接下來就是找個可靠且能為你著想的保險顧問，開始討論你的保險方案。怎麼樣判斷保險顧問是否站在你的立場幫你規劃，可以用以下 3 個判斷原則。

1. 聽得懂：

因為保險商品是無形的東西，不像有形的商品那麼容易被理解，所以，保險公司大多會投入大量的訓練資源來培訓保險顧問的專業，以及如何將專業轉換成客戶聽得懂的銷售能力。無論你找的是資深或資淺的保險顧問，聽得懂他講的話，而不要被太多專業術語給嚇到而不敢問，這是最重要的一個原則。如果，你覺得你都聽不懂他說的話，那你當然就不可能了解你買了什麼，所以，請對保險顧問嚴格一點，有問題就問，這也是讓保險顧問成長的一個重要訓練哦。

2. 有利益：

你是否也有過經驗，在咖啡店喝杯咖啡，旁邊就有一桌人在談保險。現在國人的保險觀念愈來愈好，也因為愈活愈久，導致各種不同的人生階段風險需求商品因應而生，使得投入保險市場的保險顧問愈來愈多。所以，你可以按照本章節提到的問自己的 3 個問題釐清你的保險需求後，再從保險顧問提出來的保險商品建議書去觀察，是否能讓你感受到這份保險規劃內容的確能解決你的擔心，讓你擁有這份保障時全然放心。

3. 差異化：

因為購買一份保險所需要的服務通常是在理賠時才會啟動，有些人很重視平常的"禮尚往來"的服務。在這裡，我會建議年輕朋友應該更要重視保險顧問提供什麼樣的理賠服務與保單檢視的服務方式，以便在真正需要保險理賠或有什麼需求改變的情況下，都能得到最好的服務品質。

步驟三、了解你的職業等級，意外險保費大不同

當你從學校畢業開始你的第一份工作，購買意外傷害險的職業等級就會因此大不相同，意外險的危險等級依危險程度由低到高，共分 1 到 6 級。舉例來說，學生和內勤人員都是 1 級，而外勤業務大部分是 2 級，一般軍人是 3 級，船長是 4 級，空服員是 6 級，若是超過 6 級以上的危險程度就直接拒保，例如：礦工、動物園馴獸師，以此類推。因職業等級分類表太長，在此就不提供完整的分類表，若想了解自己的職業等級是多少，可以直接在規劃保險商品時與保險顧問確認目前自己的職業等級。

表 2-8：意外傷害險職業等級平均費率比較表

職業類別	第一類	第二類	第三類	第四類	第五類	第六類
費率比	1	1.25	1.5	2.25	3.5	4.5
各家保險公司費率可能略有不同，以上是平均參考比率						

資料來源：作者製表

根據以上的分類表來看，假設小明在學生時期投保了意外傷害險的職業等級是屬於第一類，畢業之後去當兵，職業是一般軍人，那麼在意外傷害險的職業等級則屬於第三類，因此，意外傷害險的保費就會比學生時期多了 50%。退伍後，小明又去了保險公司擔任外勤業務，那麼他的意外傷害險的職業等級就會變成第二類，意外傷害險的保費則會比當學生的時候多了 25%。

當然，職業等級的分類是不分男女的，但因為男生大多會碰上兵役的階段，從事危險較高的 2～6 類職業的機率自然可能相對於女生來得高，這也表示危險等級愈高的工作發生危險的機率愈高，所以投保一份完整的意外傷害險相對也就更重要了。詳細的保險商品規劃方式，請參考第三章。

不過，在此提醒一下年輕朋友，這裡提到的職業等級分類只與意外傷害險的保費及投保規定有關，和疾病類的健康險無關。通常，在疾病類的健康險，保險公司評估的大多數是以年齡、性別和身體健康情況來判斷，而意外傷害險的部分，保險公司評估的是以職業等級和身體健康情況為主。所以，就算是 50 歲男性內勤人員投保意外傷害險，其與 23 歲女性內勤人員投保意外傷害險，保費都是一樣的哦！

步驟四、保險年齡多一歲，保費大不同

既然那麼多人說年齡愈大投保健康險愈貴，那麼是不是表示生日過後多了一歲，保費就變貴了呢？實際上，保險年齡和實際年齡的算法是不同的。例如：阿嬌的出生年月日是 1989 年 1 月 1

日，那麼，阿嬌在過完 2019 年的 1 月 1 日生日後，她的實際年齡就會從 30 歲變成 31 歲，但以保險年齡來算，阿嬌的保險年齡仍然是 30 歲，到底保險年齡是怎麼計算的呢？

簡單來說，就是我們出生月日的前 6 個月及後 6 個月加起來算一年。以阿嬌的例子來說，她的保險年齡 30 歲的算法就是從 2018 年的 6 月 1 日計算到 2019 年的 5 月 31 日。也就是說等到過了 2019 年的 5 月 31 日，那麼，她的保險年齡就正式到了 31 歲。

看到這裡的年輕朋友，若這時正值快過生日的時候，恭喜你又成熟了一歲，但你也不能再找藉口說，反正等我生日快到時、保費變貴前，再來投保健康險了。因為你的保險年齡在生日前 6 個月早就多了一歲，趕緊做好自己的健康險規劃吧！

🛡 女生應該怎麼買健康險？

一、可考慮規劃女性專屬的婦女健康險

有些保險公司會推出女性專屬的婦女健康險保單，特色是針對婦女比較容易遇到的疾病或生育風險提供額外的保障。例如：紅斑性狼瘡病變、乳癌乳房重建手術、子宮病變手術、生育保險金、妊娠期併發症保障，甚至還有部分險種可以保障到出生嬰兒的先天性重大殘缺，例如：先天性腦性麻痺、軟骨發育不全等。

二、了解生育的除外責任條款

　　當女生考慮結婚生子時，健康險中針對懷孕及生產期間，也會有不同的除外不賠條款，理由是懷孕是喜事，並不是生病，所以自然生產不是健康險理賠的範圍。除非因為懷孕及生產期間的必要醫療行為，才符合健康險的理賠條件。

　　以下是某家保險公司的健康險條款中的除外責任條款。文字清楚的載明懷孕、流產或分娩及其併發症、不孕症、人工受孕，或非以治療為目的之避孕及絕育手術不賠，並列出會理賠的條件。所以，當你在比較兩家以上保險商品時，就可以清楚的判斷哪家公司的健康險商品除外責任條件愈好，對女生就愈有利。

附件一：保險條款除外責任範例

被保險人因下列事故而診療者，本公司不負給付各項保險金的責任。

一、懷孕、流產或分娩及其併發症。但下列情形不在此限：

（一）懷孕相關疾病：

    1. 子宮外孕。

    2. 葡萄胎。

    3. 前置胎盤。

    4. 胎盤早期剝離。

    5. 產後大出血。

    6. 子癲前症。

    7. 子癲症。

    8. 妊娠毒血症。

    9. 先兆性流產。

    10. 妊娠劇吐症。

    11. 萎縮性胚胎。

    12. 胎兒染色體異常之手術。

（二）因醫療行為所必要之流產，包含：

    1. 因本人或其配偶患有礙優生之遺傳性、傳染性疾病或精神疾病。

    2. 因本人或其配偶之四親等以內之血親患有礙優生之遺傳性疾病。

    3. 有醫學上理由，足以認定懷孕或分娩有招致生命危險或

危害身體或精神健康。

4. 有醫學上理由，足以認定胎兒有畸型發育之虞。

5. 因被強制性交、誘姦或與依法不得結婚者相姦而受孕者。

（三）醫療行為必要之剖腹產，並符合下列情況者：

1. 產程遲滯：已進行充足引產，但第一產程之潛伏期過長（經產婦超過 14 小時、初產婦超過 20 小時），或第一產程之活動期子宮口超過 2 小時仍無進一步擴張，或第二產程超過 2 小時胎頭仍無下降。

2. 胎兒窘迫，係指下列情形之一者：

   a. 在子宮無收縮情況下，胎心音圖顯示每分鐘大於 160 次或少於 100 次且呈持續性者，或胎兒心跳低於基礎心跳每分鐘 30 次且持續 60 秒以上者。

   b. 胎兒頭皮酸鹼度檢查 PH 值少於 7.20 者。

3. 胎頭骨盆不對稱，係指下列情形之一者：

   a. 胎頭過大（胎兒頭圍 37 公分以上）。

   b. 胎兒超音波檢查顯示巨嬰（胎兒體重 4,000 公克以上）。

   c. 骨盆變形、狹窄（骨盆內口 10 公分以下或中骨盆 9.5 公分以下）並經骨盆腔攝影確定者。

   d. 骨盆腔腫瘤（包括子宮下段之腫瘤，子宮頸之腫瘤及會引起產道壓迫阻塞之骨盆腔腫瘤）致影響生產者。

4. 胎位不正。

5. 多胞胎。

6. 子宮頸未全開而有臍帶脫落時。

7. 兩次（含）以上的死產（懷孕 24 週以上，胎兒體重 560 公克以上）。

8. 分娩相關疾病：

　　a. 前置胎盤。

　　b. 子癲前症及子癇症。

　　c. 胎盤早期剝離。

　　d. 早期破水超過 24 小時合併感染現象。

　　e. 母體心肺疾病：

　　　　（a）嚴重心律不整，並附心臟科專科醫師診斷證明或心電圖檢查認定須剖腹產者。

　　　　（b）經心臟科採用之心肺功能分級認定為第三或第四級心臟病，並附診斷證明。

　　　　（c）嚴重肺氣腫，並附胸腔科專科醫師診斷證明。

　　f. 高齡產婦（第一胎超過 35 歲）。

　　g. 兩次（不含）以上的剖腹產或曾有子宮上段剖腹生產。

　　h. 產道傳染病不適合自然產者。

9. 其他醫療因素必須行剖腹產經本公司醫師認定者。

（四）遭受意外傷害事故所致或醫療行為必要之安胎。

二、不孕症、人工受孕或非以治療為目的之避孕及絕育手術。

第三章
保險小白也能看懂的保險產品分析

　　透過前面章節的說明，我想年輕朋友們都已經對於如何為自己規劃健康險有一些初步的認識了吧！在了解自己的需求之後，最重要的就是商品的選擇。天啊～保險公司這麼多家，保險商品更是玲瑯滿目，到底該怎麼找到適合自己的商品來滿足你我的保險需求？看完這一章，我想你會更加清楚明瞭了！

ⓢ 認清不同類型保險的功能與差異

　　挑選適合自己的保險商品的第一步，應該要先對保險商品的架構有基本的認識，當你對於商品的分類清楚之後，再透過保險顧問諮詢，這時候就有效率多了。

　　這一步驟，我認為對所有要為自己規劃健康險的年輕朋友是非常重要的一個章節，為什麼呢？我曾經協助我的朋友小語檢視她過去為自己買的保單，當年她才 24 歲，卻已經有了兩張醫療保險。小語本身對於保險的觀念非常好，原因是在她就讀高中的時候，媽媽因為癌症過世，單親家庭的她，靠著媽媽留下的保險金完成學業。所以，她早早為自己買了醫療保單，就怕自己生了病要花大筆的醫藥費。不過，當時問她到底幫自己買了什麼內容，她卻兩顆眼睛瞪得大大的，歪著頭看著我，說不出個所以然。

我想，很多年輕朋友的情況和小語很像，覺得有買就可以包山包海，一旦生病了花了醫藥費，保險就都該幫忙負擔！真的是這樣嗎？事實上，我這位朋友小語買的是一份 10 年的定期險，年期只可承保 10 年，內容也只包含住院給付每日 3,000 元，如果不住院，就沒得理賠，更不用說有什麼自費項目要期待保險給付，原因是保單內並沒買到實支實付的保險。

所以，先了解各種保險的功能是相當重要的環節，以免花了錢，卻得不到自己所需要的內容，豈不是當了冤大頭？理賠時還反過來責怪保險公司不給力，或者認為保險都是騙人的。本章節就是要教大家，如何認清各類保險的功能與差異，讓你輕鬆買對保障喔！

接下來，將透過圖 3-1 來幫助我們的年輕朋友理解健康險的分類。

我稱呼這張圖叫做保單圓餅圖。建議你可以掃描對應的 QR code，在電腦或是平板上呈現，甚至是列印出來，搭配書本閱讀。

🛡 健康險的 4 大類型

從圖 3-1 中，我們可以看到健康險分類為：「醫療險」、「意外險」、「壽險」與「殘扶險」。現在就從醫療險開始，採順時鐘方向，逐類型一一說明。

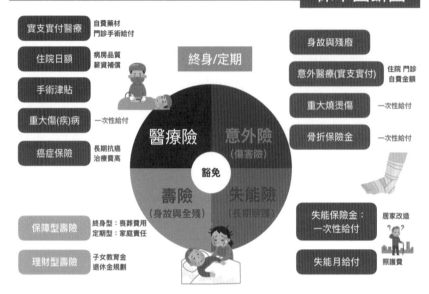

圖 3-1：保單圓餅圖

資料來源：作者提供

一、醫療險

1. 實支實付：補貼健保不給付的自費額

　　第二章已和大家說明過二代健保對我們產生的影響，在自費項目變多、費用越來越貴的環境下，「實支實付」醫療險可說是規劃健康險時的首要目標。一般，我們會以雜費的限額作為考

量，每次住院期間的限額越高，也代表能 cover 的金額就越多。但這裡還要提醒各位年輕朋友一件事，實支實付保險會將給付項目分為「病房費限額」、「手術費限額」、「住院費用限額（雜費）」，這是什麼意思呢？

（1）「病房費限額」代表你實際住院的自費花費金額，最高每日只給付「病房費限額」。舉例來說，小珍住院 5 天，因選擇自費單人病房，每天需自費負擔 3,500 元，而她購買的實支實付保險的病房費限額為 2,000 元，這時候，保險公司只會給付上限每日 2,000 元，並不會全額給付 3,500 元！換句話說，如果小珍選擇雙人病房，每天只需自費負擔 1,500 元，那麼保險公司就是全數買單，給付每日需自費的 1,500 元。

（2）「手術費限額」則是保險公司會針對你所做的手術部位和名稱，對應保單條款的手術倍數或％來決定這項手術費的給付限額。

舉一個非自願性剖腹產的案例：

芊芊生產時因為胎位不正，必須剖腹生產。非自願性剖腹產在醫療保險是會給付的，芊芊所購買的實支實付保險（參考以表 3-1）計劃二中，提供手術費 18 萬元、雜費 12 萬元，但這並不代表芊芊生產時所花費的「手術費」就可獲得理賠最高金額 18 萬元，而是要計算剖腹產的手術％後才可得到限額。

以保單條款來看，剖腹產的％為 10%，表示要以 18 萬乘上 10% 得到的 1 萬 8 千元，才是芊芊此次剖腹產可獲得理賠的「手術費」限額！

表 3-1：芊芊購買的實支實付保險相關內容

保險金限額計劃別	每日住院病房費用	住院醫療費用	外科手術費用	出院後門診腫瘤治療費用	住院前後門診費用	補充保險金
計畫一	1,000	90,000	160,000	40,000	600	2,000
計畫二	1,500	120,000	180,000	60,000	900	3,000
計畫三	2,000	150,000	200,000	80,000	1,200	4,000
計畫四	2,500	180,000	220,000	100,000	1,500	5,000
計畫五	3,000	210,000	240,000	120,000	1,800	6,000

手術類別	給付 %
廿四、妊娠併發症	
1. 葡萄胎除去術	6%
2. 子宮外孕手術	10%
3. 妊娠併發症所致之必要性剖腹產術（含死胎）	10%
4. 妊娠第一期流產（妊娠未滿 13 週）	2%
5. 妊娠第二期流產（妊娠 13 週以上）	3%

資料來源：作者提供

（3）「住院費用限額」指的就是我們所謂的雜費限額，泛指治療用的材料費、藥費等範圍。而雜費的範疇在條款上還可分成兩種，一種是「列舉式」，另一種為「概括式」；列舉式就是將可理賠的項目一一列舉出來，概括式則是以「超過全民健康保險給付之住院醫療費用」統稱。

了解完以上的名詞定義之後，接著帶大家來看看選擇實支實付醫療險的幾個訣竅：

（1）是否給付「門診手術」的費用。隨著科技進步，現在很多手術簡化為門診即可完成，但是，手術時間縮短了，費用卻很可能大大提升。

我有一位朋友，一直以來深受痔瘡的困擾，但因為工作繁忙，始終沒有安排手術治療，直到碰到一位友人推薦他去做一種新式的午休微創痔瘡手術。這手術不需住院，只要一個午休的時間就能完成，疼痛感較低、恢復期也較快，唯一的缺點就是健保不給付手術費用，須完全自費。但基於種種好處，我的朋友選擇了微創手術，總費用為 5 萬多元，而這筆錢能不能透過實支實付險來給付呢？這時就要確認你是否購買到包含門診手術的實支實付險了！

圖 3-2 為某家實支實付保險的條款樣張，從此敘述即可知道這是有包含門診手術的費用給付。

第十二條【手術費用保險金之給付】

被保險人因第四條之約定而以全民健康保險之保險對象身分於住院或門診診療時，本公司按被保險人於住院或門診期間內所發生，且依全民健康保險規定其保險對象應自行負擔及不屬全民健康保險給付範圍之手術費及手術相關醫療費用核付「手術費用保險金」，但不超過依投保計劃別對應附表所列之「手術費用限額」。

圖 3-2：某家實支實付保險之門診手術相關條款樣張

資料來源：作者提供

而有的保險公司在條款上未載明門診手術給付，卻會給予部分理賠，這是屬於融通理賠，建議想要以保險轉嫁門診手術的醫療費，最好就選擇有門診手術理賠的險種。

（2）住院日額選擇權：有時住院的費用會由健保幫我們都支付掉，沒有自費項目。若有此保障項目，就能以住院天數來給付，彈性較大。

舉例來說：花花投保的實支實付醫療險有轉換住院日額選擇權，每日可換算 2,000 元。本次住院 3 天，出院時費用大多都由健保給付了，只需自費 1,500 元。此時可用投保的「換算病房費日額」2,000 元來換算 3 天住院給付，一共可申請到 6,000 元的理賠金，較實際自費 1,500 元來得高，遇到這種情況，保險公司會擇優給付較高的金額給保戶。

（3）非健保身分就醫會打折喔！

以下節錄某實支實付醫療險的條款內容：

被保險人因第六條之約定而以非全民健康保險之保險對象身分住院診療時，每次住院本公司在本附約保單頁面所載其投保「住院醫療費用保險金」之限額內，按被保險人住院期間內所發生第三項各款實際支出住院醫療費用的百分之七十五金額，給付「住院醫療費用保險金」。

因實支實付醫療險的費率是以健保制度下的平均醫療開銷所精算出來的，若以非健保身分就醫，代表沒有任何的健保補助，相對來說，你的總花費就會比健保身分就醫來得高，所以在申請實支實付保險理賠時，也就會被打折給付。

以上面節錄的條款範例來看，這個實支實付醫療險的打折比例為75%，假如原本計算出來的理賠金額為 10 萬元，因為是非健保身分就醫，打折後只會理賠 7 萬 5 千元。

你可能會好奇，現在大部分的人都有投保健保，什麼時候會碰到非健保身分就醫呢？

① 在國外就醫：解決方法是可先到健保局申請核退，再將核退後的證明一併提供給保險公司申請理賠，如此一來就會是健保身分申請，理賠不會再被打折了，但相對的，自費額也會跟著降低。（健保核退流程請參閱健保局官網說明）

② 前往不符合「醫院」定義的醫療院所治療，例如「專科診所」或是本身為非健保的醫療院所。

③ 非必要性住院治療：若醫生判斷不需住院治療，但患者自費住
　　院。

　　目前市場上的實支實付醫療險非健保給付比例，最低落在
65%，少部分的保險公司提供到 75% ～ 80%，投保前可以留意一
下，確保自己的權益喔！

　　（4）可以重複投保兩家以上的實支實付險嗎？為了因應自
費金額逐漸提高的狀況，不少人會詢問是不是可以多投保幾家實
支實付險呢？事實上，在我們投保實支實付險的流程中，會要求
我們告知「是否已有實支實付醫療險」，若保險公司在我們已有
他家實支實付險的情況下還可承保，就代表這家保險公司願意承
擔我們的醫療風險。

　　在理賠實務上來說，若我們投保第一家實支實付險的雜費額
度為 8 萬元，第二家為 5 萬元，此次住院一共花費了 12 萬的雜
費，則申請第一家實支實付險給付 8 萬元後，尚有 4 萬元的差
額，這時可向第一家保險公司申請「差額證明」，再提供差額證
明向第二家保險公司申請剩餘的 4 萬元理賠。

　　不過現在也有一些保險公司願意接受「副本收據」申請，在
我們出院繳完費用時，醫院會提供我們一張收據，這張稱為正本
收據。而申請第二張以上的，就稱為副本收據，而在副本收據上
通常會蓋一個「與正本相符」的章。在申請理賠時，可直接提供
副本收據給保險公司，不需差額證明，只要是在購買的雜費額度
內，即可完全參照收據內容申請。

2. 住院日額與手術津貼：醫療品質的重視

　　在第二章我們已確認了自己需要的住院醫療品質，現在我們就要把需要的住院日額量化出來。簡單來說，就是參考前一章的病房費列表，找到自己需要的病房費日額，加上請專人看護的費用以及薪水補償，就可知道自己的病房費日額需要規劃多少額度。

　　舉例來說，我有一位在金融業服務的客戶小楊，年紀輕輕就已是部門主管。和小楊討論醫療品質後，她希望生病住院時能有自己的隱私空間，如此不僅能好好的休息，也不怕愛看電視的自己會吵到隔壁病患。小楊信任的醫院是離家不遠的新光醫院，對照病房費列表，新光醫院的單人病房為 4,500 元／日。而且屬於北漂一族的小楊，家人都在南部，所以當住院時，也沒有人能照顧她，勢必要請專人看護，每日以 2,200 元計。也因為是自行租屋，就算住院了，房租也要照繳，但幸好公司制度完善，一個月內的病假都有半薪支付，所以計算過後，每日的薪水補償需要 1,000 元。所以我幫小楊規劃的醫療險中，病房費的額度為 4,500+2,200+1,000=7,700 元。

　　這三項資訊，可幫助我們輕鬆計算出需要的病房費日額，當然，在我們首要規劃的實支實付險中，也有病房費限額，這筆給付一樣可計算在我們需要的病房費額度中。

　　市面上有許多日額型給付的醫療險商品，大多數都大同小異，主要的差別在於是否有包含「出院療養金」與「手術津貼」的給付。「住院日額」是依照你的實際住院天數 × 保額所得的

金額給付，而「出院療養金」通常是住院日額的一半（須依照商品條款所列為主），也就是比照實際住院天數來給，而非出院之後的休養日數喔！所以，一般我也會將這筆金額算在我的需求之中。

這裡所提到的「手術津貼」與前段的實支實付手術費不同，實支實付須參考收據上的實際支出，而這邊指的則是只要被保險人有動手術，保險公司就要支付被保險人這筆手術津貼，金額一樣要參考條款上的手術倍數或％。其差別僅在於不需要管被保險人是否要自費這筆手術費，即便手術費全額由健保給付了，被保險人都能拿到這筆津貼做為休養津貼。因為人在手術過後，或多或少都需要休息一段時間，所以這筆手術津貼是很重要的，可補償出院後的薪水補貼。至於需要多少，可與整體預算搭配，或是向保險顧問諮詢手術給付的參考值後決定。

3. 重大傷（疾）病險：一次性給付的及時雨

生重病的初期，花費較高，需要一筆及時雨來支應醫療開銷，不論是癌症的自費標靶藥物，或是高貴治療儀器，甚至要考量黃金治療期至少 5 年的生活必要開支。

目前占比最高的重大傷（疾）病為癌症，堪稱國人罹患率最高的疾病，治療方式日新月異，除了放化療之外，標靶藥物、免疫療法、質子治療都是現在臨床治療常見的方式。高科技伴隨高價格，平均花費落在每年 200 ～ 300 萬不等，讓病患在選擇時，往往面臨費用上的壓力。

　　另外，在接受治療期間，因需面對治療的副作用或身體不適，大多會選擇在家休養，建議可計算 5 年的生活必要開支，包含食衣住行等日常生活開銷以外，有能力也可預留一些娛樂費用，畢竟，心情越好越能讓疾病快快跑！

　　（詳細醫療花費與規劃額度建議，可參考第五章）

4. 癌症險：因應癌症長期治療的高額開銷

　　與重大傷（疾）病最大的差異在於，癌症險屬於「治療期間」的給付，內容大多包含：「初次罹患癌症」、「住院日額」、「癌症手術」、「放化療給付」、「癌症門診」為主。看到這裡，你心中可能有個疑問：「這和一般住院醫療險給付內容不是差不多嗎？為什麼我還需要額外規劃癌症險？這樣不是重複了嗎？」

　　事實上，大家都知道治療癌症的時間拉得較長，花費也較治療一般疾病來得高，所以，你可以把它想成針對這樣難搞的疾病保障提升的一個概念。再者，癌症門診的機率高，一般疾病醫療險是不給付門診治療的，針對放化療也不提供保障。

　　挑選癌症險時，請留意，有些「終身型」的癌症險屬於帳戶型，也就是即便符合理賠項目，也因為理賠金額超過條款設立的帳戶上限而被迫中止，導致後續的治療無法獲得理賠。

　　最後，提醒各位年輕朋友一個重點，那就是規劃癌症險的時候，最好挑選有同步給付「因癌症所引起之併發症」為目的的治

療。治療癌症期間可能產生的併發症機率高，例如肺癌可能產生呼吸道併發症、肝癌可能造成腹水或肝功能衰竭等，你的癌症險是否給付併發症的治療就顯得相當重要了。

以下為兩家不同壽險公司的癌症險條款範例：

（1）含併發症

【保險範圍：癌症住院醫療保險金的給付】

第九條：被保險人於觀察期間屆滿後的本附約有效期間內，始經切片或血液學檢查診斷確定罹患癌症，並因而以治療癌症或直接因癌症所引起之併發症為目的而經醫師診斷必須住入醫院接受治療者，本公司依附表一所載癌症住院醫療保險金之每日之「每承保單位數給付金額」乘以該被保險人當時實際承保有效之單位數為癌症住院醫療日額，以該日額乘以該被保險人該次之實際住院日數計算所得之金額給付「癌症住院醫療保險金」。

（2）不含併發症

第十四條【癌症住院醫療保險金的給付】

被保險人於本附約有效期間內，經醫院醫師診斷確定罹患癌症，並以癌症為直接原因必須住院治療，或接受安寧照護時，本公司每一投保單位按新臺幣一千元乘以其實際住院日數（含住院及出院當日）所得之金額，給付癌症住院醫療保險金。

二、意外險

保單條款中對於意外傷害事故的定義，是指「非由疾病所引起之外來突發事故」。拆開來看，要「同時符合」3 項條件：非疾病、外來、突發，才能獲得保險給付。

說件有趣的事，曾經有朋友問我：他對於自己得了心臟病覺得很意外啊！難道這樣不算意外險嗎？嗯…，如果意外是用感受來定義，那我想全世界的保險是不是只留下意外險就足夠了呢！（笑）

回到正題，以下作者就將意外險的規劃重點分為 4 大類，你可以翻回第三章一開頭的保單圓餅圖對照著看。

1. 意外身故與殘廢：復健期的財務補貼

因意外造成的死亡與殘廢給付，通常我們會以需要的保額來購買，而意外險是按照「殘廢等級」決定理賠金額，所以我們不能只考慮全殘或死亡的理賠，應該思考如果殘廢了，其理賠是否足夠支付之後的生活。

至於保額需要多少，提供大家一個簡易的公式計算：

（原本年收入 + 復健或照護支出）× 須重新學習技能所需的年限 / 殘廢程度比例 = 殘廢所需保額

因為殘廢給付是提供我們在復健期的財務補貼，所以，不同收入的人所需額度也不盡相同喔！（殘廢程度比例請參考各保險公司的殘廢等級表）

舉個例子，小慧剛從大學畢業，進入一家工程顧問公司工作，每月月薪 3 萬元，工作內容因常需到外縣市出差，擔心來往交通過程發生意外，所以希望為自己投保一份意外險。小慧最擔心的是四肢失能，因為復健期可能高達 1 ～ 2 年都無法工作。那麼小慧該規劃多少意外殘廢的保額呢？

可透過公式來計算：

（年收入 36 萬 + 復健支出一年 100 萬）× 重新學習技能所需年限 2 年 / 50%（兩下肢、髖、膝及足踝關節中，各有一大關節永久喪失機能者）= 544 萬

這個數字的意義，即代表了若不幸發生小慧擔心的雙腿各有一大關節失能時，需要長達兩年的時間復健，而這段工作空窗期的薪水補償與復健費用可透過這筆殘廢保險金來給付，不僅能放心療養，也能安心學習新技能來準備面對未來的新工作。

2. 意外醫療：意外住院、門診實支實付

咦？前面不是已經有醫療實支實付險了，這裡怎麼又談到一次實支實付呢？難道醫療實支實付險不理賠意外事故嗎？

　　其實不是的，前面的醫療實支實付不論住院或手術的原因都會啟動，只是前提是必須要有住院或是手術行為。其與這裡所要說的意外實支實付最大的差別在於，門診或急診甚至術後的回診，都能申請理賠喔！

　　有一位我曾經服務過的客戶青仔，他是在自家鐵工廠工作的26歲少年，某一次在操作機器的過程中，不慎發生意外，造成右手食指、中指與無名指第一指節被機器碾碎，緊急就醫後，所幸無大礙，只是被碾碎的手指再也回不來了…。不單是住院期間的住院費用與手術費，術後的回診也是一筆不小的費用，記得幫他申請理賠時，除了住院收據以外，還有一疊厚厚的術後回診與復健收據，而這全部的費用都能透過意外醫療險來給付。

　　也有許多年輕朋友喜愛運動，我就有位客戶小億，因為一次籃球場上的意外，造成右腳十字韌帶斷裂，術後出了院也是不斷回診與復健，這才慢慢恢復正常。

3. 重大燒燙傷：治療費用與收入中斷補貼

　　2015年6月27日，電視上不斷重複著一則驚心動魄的新聞，那就是八仙塵暴，造成約500人輕重傷，241人全身40%以上燒燙傷。

　　燒燙傷的重生之路漫長，除了龐大的醫療費用以外，還要面對長時間的復健，以及恢復期間的收入中斷。燒燙傷一般給付意外險保額的25%或50%（須視條款標示為主），若擁有500萬

意外險，不僅有 500 萬的死亡與殘廢保障，還有 125 萬或 250 萬的燒燙傷一次給付，可涵蓋救治、植皮、整型的費用補償。

據健保署統計，中重度燒燙傷的病患，每人的治療與復健費用有機會超過 300 萬元，加上短期內無法正常工作，經濟負擔是必須面對的憂慮。所以透過意外險也可一併規劃好重大燒燙傷一次性給付的保障，但要透過一般意外險補足重大燒燙傷的保額，可能比較不容易達成，建議可搭配「產險公司的意外險專案」來做補強，保費較低但提供的保障較高喔！（產險意外險詳細內容將在本段落最後說明）

4. 骨折保險金：一次性給付療養金

骨折是很常見的意外傷害之一，人的全身上下共有 204 根骨頭，可能因為跌倒、外力造成開放性骨折或閉合性骨折。骨折依個人情況可能需要住院或手術，也有一些情況是只需要打石膏就可以回家休息，甚至連住院手續都不需要辦理。這時候骨折保險金就顯得重要了，因為這段時間你可能需要包著石膏，哪裡都不方便去，更不用說是硬撐著要去上班了。所以，有足夠的骨折保險金能讓我們在骨頭恢復好的這段期間，不用擔心收入中斷，也能好好在家休養！

骨折保險金是以「意外住院日額作為基數 × 骨折部位換算的天數 × 完全骨折 100% 或不完全骨折 50%、骨裂 25%」等數字而來（每家保險公司的基數比例與部位換算天數可能不盡相同，須以條款為主）。

　　舉例說明，阿豪是餐廳廚師，有天晚上在準備隔天食材時，因恍神導致剁排骨的刀歪掉，不慎切到自己的左手食指，導致完全骨折，緊急包紮後送醫進行微創手術接回。從事發到術後恢復可回到工作崗位，大約為兩週的時間。依照阿豪投保的意外險住院日額每日 2,000 元來看，他符合完全骨折，且對照下列骨折日數表，得知為 14 天（掌骨、指骨同一手 1 ～ 2 根），所以他可獲得的骨折保險金為：

2,000×1/2（住院日額基數）×14 日 ×100% 完全骨折＝ 14,000

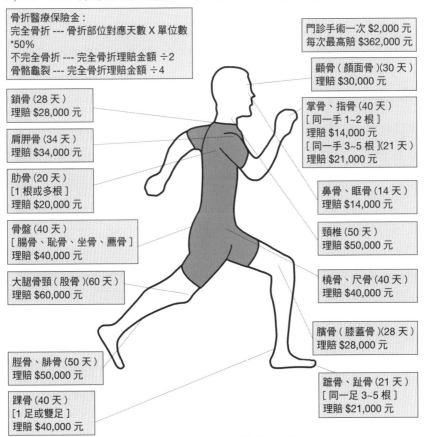

骨折醫療保險金：
完全骨折 --- 骨折部位對應天數 X 單位數 *50%
不完全骨折 --- 完全骨折理賠金額 ÷2
骨骼龜裂 --- 完全骨折理賠金額 ÷4

門診手術一次 $2,000 元
每次最高賠 $362,000 元

顴骨（顏面骨）(30 天)
理賠 $30,000 元

鎖骨 (28 天)
理賠 $28,000 元

掌骨、指骨 (40 天)
[同一手 1~2 根]
理賠 $14,000 元
[同一手 3~5 根](21 天)
理賠 $21,000 元

肩胛骨 (34 天)
理賠 $34,000 元

肋骨 (20 天)
[1 根或多根]
理賠 $20,000 元

鼻骨、眶骨 (14 天)
理賠 $14,000 元

頸椎 (50 天)
理賠 $50,000 元

骨盤 (40 天)
[腸骨、恥骨、坐骨、薦骨]
理賠 $40,000 元

大腿骨頸 (股骨)(60 天)
理賠 $60,000 元

橈骨、尺骨 (40 天)
理賠 $40,000 元

髕骨 (膝蓋骨)(28 天)
理賠 $28,000 元

脛骨、腓骨 (50 天)
理賠 $50,000 元

蹠骨、趾骨 (21 天)
[同一足 3~5 根]
理賠 $21,000 元

踝骨 (40 天)
[1 足或雙足]
理賠 $40,000 元

圖 3-3：骨折保險金換算日數表

資料來源：作者提供

至於骨折保險金需規劃多少，我認為與你的工作內容有很大的關聯，建議你規劃的金額以能補貼工作收入中斷為主。

保險小百科：

什麼是產險公司的意外險？

一般規劃健康險會向人壽公司購買保險商品，但其實產險公司也有推出一些健康險的專案，其中以意外險的方案最常被用來提高保障額度。最大的差別在於人壽端屬於自己依照個人需求做額度的搭配，但是產險公司的商品為統包式，內容無法自行調整。

以下就以一般內勤工作的職業等級 1 級規劃：意外險 200 萬元保額 + 意外醫療 5 萬元 + 意外住院日額 2,000 元的商品組合來說明。

表 3-2：人壽意外險與產險意外險之比較

	人壽意外險	產險意外險
保費	約 4,000 元／年	約 3,300 元／年
內容	意外身故與殘廢 200 萬 意外醫療 5 萬 意外住院 2,000 元／日 重大燒燙傷最高 80 萬 骨折保險金最高 6 萬	意外身故與殘廢 200 萬 意外醫療 5 萬 意外住院 2,000 元／日 重大燒燙傷最高 200 萬 骨折保險金最高 3 萬 專案含有其他責任險或身故增額保險…等
續保方式	保證續保（部分保險公司）／不保證續保	非保證續保
收據	正本或副本	副本

資料來源：作者提供

依表 3-2 可得，產險意外險專案的保費較便宜，但提供的保障內容較多。許多產險公司提供的專案費率更是職業等級 1 ～ 3 級同一費率，也就是你的職業等級越高，保費相對人壽意外險更划算。不過要特別注意的是，產險意外險不提供保證續保，也就是公司有權利在每年續約的時候喊卡，不再承保。因此在選擇人壽意外險時，也需留意是否提供保證續保，以保障自身權益。

所以，我會建議規劃時以保證續保人壽意外險為主，產險意外險為輔，作為加強之用，以免未來自己的權益受損。

三、失能險：
因疾病或意外造成失去工作能力的薪水替代

如果今天因為生病或是意外，造成我們接下來的人生都需要倚賴另一個人的照顧，才有辦法維持下去時，這源源不絕的照護費用該從哪裡來？如果你的答案是不知道，或是跟別人借錢，那麼我建議你應該要好好重視失能險的規劃。

一般來說，失能險是以保額為基礎，也就是說每個月我需要多少的照護費用，我就要購買相對應的保額。

商品給付內容通常可區分為「失能一次金」與「失能扶助金」。一次金，顧名思義就是只會給付一次，在醫師確診符合失能狀態後，會依照失能等級給付相對應的金額，以因應長期照護前端所需要的一次性支出（可參考第一章表 1-5「長期照護需要很多錢」）；而扶助金，則是每個月給付給我們，做為長期性支出費用與照顧者或安養機構的開銷補貼（更詳細的支出費用會在第五章說明）。

在此補充說明，所謂的失能險，給付給我們的都是保險金，並不是保險公司提供我們看護的服務喔！

四、壽險：
保障型壽險取代我們不在這世界上的責任與愛

　　當我們身故的時候，能留給家人什麼？滿滿的回憶，還是滿山的負債？我們常聽到「留愛不留債」，就是壽險的意義。

　　壽險，也就是當我們沒有了呼吸，成為小天使的時候，保險公司會給我們指定的受益人一筆錢（保額）。

　　我常聽到年輕朋友跟我說，我買壽險要做什麼呢？我自己又用不到！確實，壽險的受益人本來就不會是自己，但想一想，自己真的用不到嗎？人生走到最後一哩路，都還是需要花費的。依照內政部統計，平均國人喪葬費用約為 40 ～ 50 萬不等，若自己不提前規劃，身故後這筆費用就成為家人的負擔。

　　若本身還有學貸或其他貸款的年輕朋友，需要的壽險額度還需加上負債總額，否則一旦我們身故了，這筆貸款是不是就變成家人所要承擔的呢？而對於家中長輩有經濟貢獻度的人，為了不讓家人因為中斷這筆孝養金而對生活造成影響，也須列入壽險保額的考慮。

　　總而言之，壽險就是取代我們不在這個世界上的責任，而這個責任的大小取決於每個人的背景不同，各自有所差異。

　　我們在規劃壽險額度時，建議可先將要承擔的責任「分類」，例如喪葬費，我會歸納在「一定會發生」的這一類，而其

他像是貸款，或是家庭責任的保額需求，我會歸納在「不見得會發生」的第二類。

因為總有一天，我們都會見上帝，喪葬費用是不得不花的，所以一定要規劃，且最好是以「終身壽險」為主。而第二類的情況，都是屬於階段性任務，因為貸款會有繳完的一天，小孩會有成年獨立的一天，我們不見得會在這階段身故，所以第二類的所需保額，建議可採用「定期壽險」做階段性規劃，隨時依照保額需求變多或少而增加或降低我們的定期壽險保額。

保險小百科：

終身壽險與定期壽險的差異？

所謂的終身壽險，就是「限期繳費，保障終身」。市場上最常規劃的就是繳費 20 年，保障會持續終身，也就是不管哪一天我們當小天使了，這張保單都會啟動。

定期壽險，則是「限期繳費，限期保障」。你可以自己決定你需要的保障期限，例如 10 年定期壽險，就是繳費 10 年，保障 10 年。目前市場上常見的年期為 10 ／ 20 ／ 30 年期。

💲 保險的保險－豁免保費

什麼是豁免保費

　　豁免附約，在保單規劃中是相當重要的一環。若保單中有了它，發生符合豁免條件時，即可免繳這張保單的保費，但保障持續有效。

　　依照各家保險公司條款所列，大多的豁免條件為身故或是全殘、發生 2 ～ 6 級殘、嚴重燒燙傷、罹患重大疾病等，而發生時間必須在保單契約有效期間內，有些則是要在主契約的繳費期間內，才符合豁免保費。

豁免的對象是誰？

　　保單的構成，有繳保費的「要保人」與被保障的「被保險人」。一般的年輕朋友若是自己為自己規劃保單，通常是自己同時為保單的要保人與被保險人，所以豁免保費所承保的即是自己。

　　但若是要保人與被保險人不同人時，就要特別留意了。有些本身具有豁免功能的主契約，所豁免的對象是被保險人本人，也就是當繳保費的要保人發生符合豁免保費條件時，這張保單的保費還是要繼續繳。我們可以另外附加豁免要保人的豁免保費，如此一來，才能更全面保障繳費人的權益。

你所購買的豁免保費保障的是要保人、還是被保險人，一定要與你的保險顧問確認清楚，才不會造成未來需理賠時的誤會喔！

⑤ 保險小白規劃健康險 3 步驟

在我們開始規劃健康險之前，你必須要先有一個基本觀念：一張保單的架構，就像一列火車一樣，會由一個「主契約」作為火車頭，然後可選擇多個「附約」（火車車廂）加在主契約底下，構成一張完整保單。當然，這個附約可依照自己的需求附加，多寡視自己的需求與預算決定。

圖 3-4：保單架構如同一列火車

資料來源：作者提供

步驟一：先求有再求好，定期型優於終身型

我想很多人都會有個迷思，就是終身險一定比定期險來得好嗎？

在回答之前，我們先看看什麼是終身險，什麼是定期險？「終身險」指的是繳費一段時間，可提供我們終身的保障。「定期險」則是每年定期繳費，有繳費才有保障，視險種的不同最高承保年齡也不同。

而在同樣保障額度下，終身險的保費必會高於定期險的保費。所以，年輕朋友在規劃健康險時，建議優先以定期險為主，才可在有限的預算買到較高的保障。

步驟二：主約可以具備未來價值性的商品為主

既然主契約一定要以終身險為主，那麼該怎麼選擇才能把錢花在刀口上呢？建議可以未來較有價值性的保單類型作為主約，也就是「重大傷（疾）病險」或是「壽險」與「殘扶險」，這幾類型的保單比較不牽涉到「治療型態」，大多是符合狀態就理賠，不必擔心未來醫療環境進步、治療模式改變等問題，免得保單內容越來越不符合需求。

舉例來說，20 年前的醫療環境與現在大不相同，過去生病的住院機率比現在高，也沒有太多需要自費的項目，所以，過去若購買終身醫療的保單，放到 20 年後來看，當初住院一天給付

1,000 元，你已經覺得完全不夠用了，更不用提現在，甚至保單條款內的手術名稱現在也鮮少聽到，都已經改用更先進的技術了。

步驟三：完成商品搭配

當確認好主契約商品後，就可以依照保單圓餅圖上其他的項目需求逐一擬定完整的規劃。建議你可將自己做好紀錄的保單圓餅圖與信任的保險顧問討論商品的搭配。作者將會在下一個段落，介紹幾位年輕朋友的規劃案例。

我的健康險這樣買－規劃範例

本章節透過幾位年輕朋友的健康險規劃範例，提供給讀者朋友們作為參考。每個人的家庭背景、想法與需求都不盡相同，沒有一份規劃是最棒、最完美的，只有適合自己才是最重要的。所以，建議你還是要分析過自己的預算和需求之後，與你的保險顧問充分討論才是最恰當的喔！

【範例一】每月 2,000 元規劃方式

人物背景：

小茜，23 歲女性，未婚，在會計師事務所擔任會計員，職業等級 1 級，月薪 26,000 元。因每月會給父母孝養金 1 萬元，故健康險規劃預算以不超過 2,000 元為訴求，以下是她的健康險規劃大綱。

表 3-3：小茜的健康險規劃大綱

險種	保額	月繳保費
終身失能險	1 萬元	447 元
定期醫療險	5 百元	288 元
實支實付醫療險	2 千元日額 +10 萬 2 千元雜費	474 元
意外身故與殘廢	100 萬元	92 元
意外實支實付	5 萬元	65 元
意外住院 + 骨折保險金	2 千元	97 元
定期重大傷病險（含壽險功能）	50 萬元	263 元
定期重大疾病險（含壽險功能）	50 萬元	94 元
定期防癌險	3 單位	117 元
總保費		1,937 元

資料來源：作者提供

小茜保單圓餅圖

實支實付醫療	病房費2000元 醫療雜費10.2萬
住院日額	每日1000元
手術津貼	最高7.5萬
重大傷(疾)病	重大傷病50萬 重大疾病50萬
癌症保險	一次性給付15萬 住院、手術、門診、放化療
保障型壽險	定期100萬

終身/定期

醫療險　意外險(傷害險)

豁免

壽險(身故與全殘)　失能險(長期照護)

身故與殘廢	最高100萬
意外醫療(實支實付)	5萬
重大燒燙傷	最高40萬
骨折保險金	最高6萬
失能保險金：一次性給付	全殘25萬 二級殘22.5萬 三級殘20萬
失能月給付	1~6級殘 每月給付1萬

*Key point：以殘扶險為主約，其餘皆以定期險拉高保障，以少少的預算做滿保險圓。

圖 3-5：小茜的健康險保單圓餅圖：全面性的基本規劃

資料來源：作者提供

【範例二】每月 3,000 元規劃方式

人物背景：

心心，24 歲女性，未婚，在知名百貨服務專櫃擔任櫃姐一職，職業等級屬於 1 級，月薪 32,000 元，平時搭乘捷運和公車上下班。父母從小離異，媽媽在心心 18 歲時因癌症去世。因為有癌症的家族病史，所以，特別擔心自己罹患癌症的機率較高，以下是她的健康險規劃大綱。

表 3-4：心心的健康險規劃大綱

險種	保額	月繳保費
終身壽險	20 萬元	248 元
定期重大疾病險 （含壽險功能）	50 萬元	116 元
終身住院醫療險附約	1 千元	707 元
實支實付醫療險	2 千元日額 +10 萬 2 千元雜費	492 元
意外身故與殘廢	80 萬元	81 元
意外住院 + 骨折保險金	1 千元	48 元
意外實支實付	5 萬元	65 元
定期重大傷病險 （含壽險功能）	100 萬元	600 元
定期防癌險（治療型）	1 單位	168 元
定期防癌險（一次給付型）	50 萬元	71 元
定期住院醫療險	2 千元	409 元
豁免保費		17 元
總保費		3,022 元

資料來源：作者提供

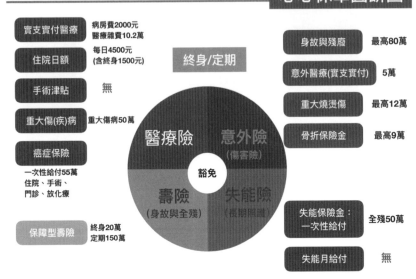

心心保單圓餅圖

實支實付醫療	病房費2000元 醫療雜費10.2萬
住院日額	每日4500元 (含終身1500元)
手術津貼	無
重大傷(疾)病	重大傷病50萬
癌症保險	一次性給付55萬 住院、手術、 門診、放化療
保障型壽險	終身20萬 定期150萬

終身/定期

醫療險　意外險(傷害險)

豁免

壽險(身故與全殘)　失能險(長期照護)

身故與殘廢	最高80萬
意外醫療(實支實付)	5萬
重大燒燙傷	最高12萬
骨折保險金	最高9萬
失能保險金： 一次性給付	全殘50萬
失能月給付	無

*Key point：以低保額終身壽險做為主約，終身住院醫療險附約與其他定期險拉高保障，加強癌症一次性給付因應擔心的家族病史。

圖 3-6：心心的健康險保單圓餅圖：著重住院品質與癌症保障

資料來源：作者提供

【範例三】每月 4,000 元規劃方式

人物背景：

阿冠，25 歲男性，未婚，研究所畢業後，進入國內知名銀行擔任企業放款部專員，職業等級 1 級，月薪 42,000 元。家庭小康，父母皆為退休教師。以下是他的健康險規劃大綱。

表 3-5：阿冠的健康險規劃大綱

險種	保額	月繳保費
終身壽險	50 萬元	1,258 元
定期醫療險	1 千 5 百元	858 元
實支實付醫療險	2 千元日額 +10 萬 2 千元雜費	489 元
意外身故與殘廢	120 萬元	112 元
意外實支實付	5 萬元	65 元
意外住院 + 骨折保險金	2 千元	97 元
定期失能保險	50 萬元	22 元
防癌險	2 單位	380 元
定期重大疾病險 （含壽險功能）	200 萬元	614 元
豁免保費		49 元
總保費		3,944 元

資料來源：作者提供

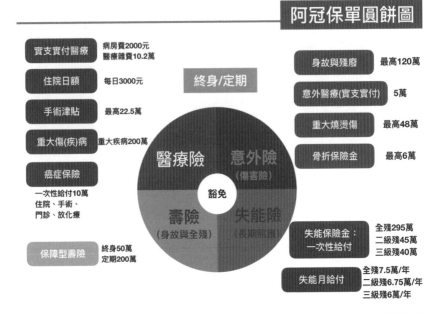

圖中文字：

阿冠保單圓餅圖

實支實付醫療　病房費2000元　醫療雜費10.2萬
住院日額　每日3000元
手術津貼　最高22.5萬
重大傷(疾)病　重大疾病200萬
癌症保險　一次性給付10萬　住院、手術、門診、放化療
保障型壽險　終身50萬　定期200萬

終身/定期

醫療險　　意外險(傷害險)

豁免

壽險(身故與全殘)　　失能險(長期照護)

身故與殘廢　最高120萬
意外醫療(實支實付)　5萬
重大燒燙傷　最高48萬
骨折保險金　最高6萬

失能保險金：一次性給付　全殘295萬　二級殘45萬　三級殘40萬
失能月給付　全殘7.5萬/年　二級殘6.75萬/年　三級殘6萬/年

*Key point：有較充足的預算，將終身壽險保額稍提高，其餘以定期險拉高住院醫療與手術津貼、重大疾病一次性給付等保障。

圖 3-7：阿冠的健康險保單圓餅圖：
兼顧住院品質、一次性給付與壽險

資料來源：作者提供

【範例四】每月 3,000 元雙實支實付規劃方式

人物背景：

蜜雪，28 歲女性，已婚，剛結婚一年，在國際貿易公司擔任業務主管一職，職業等級為 2 級，月薪 48,000 元。因為準備懷孕，而身邊有些朋友在懷孕過程中需安胎或是生產時「吃全餐」等狀況，導致蜜雪也很擔心自己碰到同樣的事。

於是蜜雪特別詢問保險顧問應如何規劃保單，若發生像是非自願性剖腹產或是安胎需求時，都有相當多的自費金額，她希望可以透過保險來支付。另外蜜雪的外公病逝於癌症，姑姑也罹患過乳癌，所以擔心有遺傳疾病，以下是她的健康險規劃大綱。

表 3-6：蜜雪的健康險規劃大綱

險種	保額	月繳保費
終身壽險	10 萬元	201 元
實支實付醫療險 A	2 千元日額 +10 萬 2 千元雜費	480 元
定期住院醫療險	1 千元	613 元
意外身故與殘廢	50 萬元	70 元
意外實支實付險	5 萬元	81 元
意外住院與骨折保險金	2 千元	122 元
防癌險	3 單位	466 元
終身失能險	1 萬元	328 元
實支實付醫療險 B	3 千元日額 +12 萬元雜費	388 元
定期重大疾病險 （含壽險功能）	100 萬元	234 元
總保費		2,983 元

資料來源：作者提供

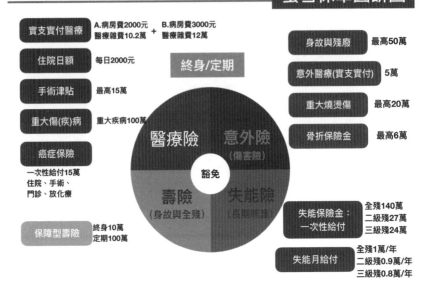

蜜雪保單圓餅圖

實支實付醫療　A.病房費2000元　+　B.病房費3000元
　　　　　　　　醫療雜費10.2萬　　　醫療雜費12萬

住院日額　每日2000元

手術津貼　最高15萬

重大傷(疾)病　重大疾病100萬

癌症保險
一次性給付15萬
住院、手術、
門診、放化療

保障型壽險　終身10萬
　　　　　　　定期100萬

終身/定期

醫療險　意外險(傷害險)

豁免

壽險(身故與全殘)　失能險(長期照護)

身故與殘廢　最高50萬

意外醫療(實支實付)　5萬

重大燒燙傷　最高20萬

骨折保險金　最高6萬

失能保險金：
一次性給付
全殘140萬
二級殘27萬
三級殘24萬

失能月給付
全殘1萬/年
二級殘0.9萬/年
三級殘0.8萬/年

*Key point：因採雙實支實付規劃，必需投保二家保險公司的主約，其中一家採最低保額壽險，另一家則是以最低保額失能險為主約，其餘保障也都以定期為主，用小錢換大保障。

**圖 3-8：蜜雪的健康險保單圓餅圖：
採雙實支實付，加強雜費額度**

資料來源：作者提供

$ 結語

　　本章我們一起認識了完整健康險的架構，想必現在的你也相當專業了。透過 4 位年輕朋友的規劃範例，我們都能發現一個共通點，那就是都用每個月不超過薪水 10% 的預算，就買到一份符合自身需求的健康險，接下來就輪到你和保險顧問來量身打造

屬於適合自己的健康險囉！不過還是要提醒一下讀者們，規劃範例中的商品牽涉到各家不同保險公司的商品，所以費率或詳細理賠規範，都還是要以商品條款標示為主！

第四章

只要這樣做，你也可以成為健康險高手

　　每年的 6 月之前，我都會去看看我的一位好友，每次在與她道別後，走出門外，我的內心總是充滿了感恩和悸動。感謝自己身體健康，有能力可以做自己想做的事。

　　在開始訴說這段故事之前，我想提醒年輕朋友，看完了前面 3 章健康險的內容，了解如何用小錢來規劃大保障之餘，透過這個章節中，探討人在碰到自己或家人生病時心理層面的微妙變化，藉以理解健康險的規劃不只是用數字和金錢來衡量，更深一層的意義是解決人碰到困難時的手足無措及擔憂。正因為通常在規劃健康險的年輕朋友，大多沒有自己或家人生病住院的經驗，很難體會當一個人生病的時候一般都不是個人面對而已，大多時間是全家人要一起面對的。若你能先行理解這些狀況，那麼，你就能更完整的做出你的規劃決策。

⑤ 案例解讀：讓你了解不同家庭背景下的保險決策

一、單身，家裡成員少的案例

從 2011 年開始，每年的 6 月之前，作者一定會在好友生日前到養護中心，去探望她一次。算一算日子，到 2019 年出這本書的時間，已經即將邁入第九年了。每回到了養護中心，見到她乾姊時，乾姊總會對著我說：「還好有保險，靠著保險金才能支撐每個月的照護費用，不致於拖累家裡其他的人。」

回想 9 年前，她為了專心照顧在安養中心的中風媽媽，努力工作，不敢請假，也捨不得出國玩一趟。媽媽的安養中心特意選擇在工作地點附近。有一天，公司主管發現，她沒來上班也沒請假，這一點不像是她平常的作風，於是乎特地跑了一趟家裡，看看究竟發生什麼事情。

結果家門深鎖，沒有人回應。反常的現象更讓公司主管緊張了起來，找了警衛聯合弄開了門鎖後，在她的房間看到不停抖動、意識模糊的她，便將她緊急送醫。醫生說她是腦出血，由於發現的時間已晚，經過急救開顱手術後，總算救回一命，但仍然無法復原。恢復意識的她，失去語言能力，全身癱瘓，不過意識如常人一般，初期看到我來看她，她總是用力的哭，哭到無力為止，而我只能說更多的話來轉移她的注意力，陪著她望著一片空白的天花板。

這段時間，她每個月要花費 2 萬的養護中心費用，以及 2 萬左右的看護費用。除了政府的一些補貼之外，她仍要自費 2 萬多元。也因為還年輕，所以保險費還未繳費期滿，但是還好有豁免保費，後續不用再繳保費，可避免對生活造成二度困境。

所以，在這樣的家庭情況下，先規劃好自身的失能險，除了可以持續提供源源不絕的照護費用，還得考量到保險費的保險－豁免保費的功能。

表 4-1：單身，家裡成員少之保險規劃策略

家庭階段	規劃策略分析
單身，家裡成員少	1. 以失能險為主約，或定期失能險拉高失能保障。 2. 利用豁免保費避免沒收入無法繳交保費，保障中斷。

資料來源：作者提供

二、單身，父母健在的案例

聞癌色變這句話，用在現在醫藥發達的環境，真的蠻貼切的。2018 年在動筆寫保險相關議題文章，或上電視節目談健康險的主題，大多脫離不了癌症、惡性腫瘤花了大筆醫藥費這樣的例子。其實醫療前，保險就像一場及時雨，提供了一次性給付的緊急預備金。

有一天，上了新聞 talk show 節目後，製作單位 line 我，跟我說：「老師，老師，你講的好像是真的耶，現在國人罹患肺癌的機率好像變高了。」原來，曾經有一回在節目中，講了朋友長期跑馬拉松，並且無特殊不良的飲食習慣，也不抽煙、不喝酒，早睡早起，卻因為健康檢查，發現自己已是肺癌第三期。幸好在樂觀的心情下，藉由保險的補償，讓他可以有多的餘力和金錢向公司請假，做些自己想做的事，放鬆心情。樂觀的面對生病後的人生，病情也趨於穩定。

2018 年 8 月份，小美憂心忡忡的打電話給我，提到她在醫院做健康檢查時，發現疑似乳房有硬塊，需要切片檢查，而醫生說是惡性腫瘤的可能性非常高。切得特別的慢。在這等待期間，小美總想著是否會在治療期間，讓她體力不夠應付現有的勞力工作；另外她也擔心錢不夠用。

每次碰到這種情況，我總是扮演著安慰的角色，畢竟，樂觀的心情也是治療病症過程的一處藥方。我安慰小美說，因為有了保險的理賠，至少可以不用讓年長的父母擔心醫療費用的事情，甚至短期休養不工作的薪水損失。說到這裡時，看到小美臉上露出一抹微笑，心裡的石頭放下了一些些。

一週後，果然，切片檢查報告出爐，醫生似乎也看多了這樣的病例，很淡定的告訴她，是乳癌三期。接下來的療程因為小美還年輕，所以，提議要先進行化療將腫瘤縮小之後，再進行腫瘤切除手術。從此之後，小美就開始踏上了一段消耗體力、不定時免疫力下降、發燒住院的治療之路。

想當然爾，小美無法工作仍需負擔固定開銷的日子還是要面對。在切片確診是乳癌後，癌症險先理賠了 30 萬元，讓小美仍可以在治療的 3 個月內，都不用再擔心錢帶來的壓力。也因為小美的工作是請假就沒有收入，所以癌症險加上住院醫療險的病房費給付是 7,200 元，讓她免除了不工作時間、收入中斷的問題。

表 4-2：單身，父母健在之保險規劃策略

家庭階段	規劃策略分析
單身，父母健在	1. 以重大疾病險為主約。 2. 定期型重大疾病和癌症險先規劃。 3. 拉高病房費，以補償薪水及專人看護的費用。

資料來源：作者提供

在這個案例裡，要強調的是一開始治療時，一次性給付險種是可以隨時應付像小美這樣案例的一種及時雨的概念。我們在面臨到罹患疾病的初期，往往第一時間是不能接受的，心裡想著為何會是我，接下來就開始想到工作、金錢，悲觀的心情油然而生。所以，如果能夠在醫療初期，從醫療險中獲得一筆確定的保險給付，就能像久逢乾霖之後的一場及時雨，緩解燃眉之急，安心的養病，也能選擇較好的醫療品質。

保險小百科：

什麼是惡性腫瘤？（資料來源：早安健康）

腫瘤為什麼會產生？

人體的細胞每分每秒都在新陳代謝，由新的細胞取代死去的細胞，若當中某些細胞出錯了、失去正常的生理機轉，自行失控增長，就會形成腫瘤，最後影響到人體的功能。

良性腫瘤對身體無害？

腫瘤可能是良性、也可能是惡性，其可能從身上任何部位發生。雖然腫瘤不代表癌症，惡性腫瘤才是癌症，但如果良性腫瘤長在腦部、心房等特定位置與器官，也會有致命的威脅！

良性腫瘤與惡性腫瘤的比較

狹間研至醫師解釋，良性與惡性腫瘤最大的區別在於擴散性質，通常良性腫瘤的周圍像是被膠囊包覆一樣，擴散較侷限；但惡性腫瘤通常邊界模糊，有侵蝕、破壞的現象，會侵犯到肌肉、骨骼，也容易經由體液轉移、侵犯到其它器官，比如胃癌腫瘤就容易從內部突破黏膜、侵蝕胰臟等鄰近器官。

另外，惡性腫瘤的硬度會比正常的組織來得硬，而中間彷彿充滿水分，像軟糖一樣富有彈性的，往往是良性腫瘤。若偶爾在身體表面觸摸到不明腫塊、硬塊，也不要過度驚慌，以為自己罹癌，其可能是皮下良性脂肪瘤，或是淋巴結腫大的身體病症，最好的方法還是交由醫師診斷。

三、已婚，購屋族，有小孩的案例

小雅，和高中時期的男友交往，24 歲一出社會就結婚，我一直認為這是件幸福的事。因為從學生時期單純的交往關係，往往能建立非常好的默契與親密關係。也因為住在南部，兩份工作收入，他們在 26 歲時，很快就買了自己的房子，也有了兩人愛的結晶。小雅老公為了負擔房貸和小孩的養育費用，常常用加班來增加自己的收入，希望給一家三口過好日子。

某天，小雅老公上班期間因為身體不適，臉色蠟黃，趕緊請假到醫院掛了急診。經過醫師診斷是急性肝炎，肝指數過高，需要趕快緊急住院。小雅到了醫院後泣不成聲，想說老公這麼年輕，肯定是工作壓力太大、太過操勞，以致於身體負荷不了。

由於小雅老公必須住院治療，前後一共住了 11 天，之後還得定期回醫院檢查追蹤，而小雅自己仍要上班，並且照顧小孩，為了讓老公能安心養病，因此，小雅請了 11 天的看護，並選擇單人病房。光是病房費加看護費一天即需 5,000 元，11 天則花了 5 萬 5 千元，更不用說如果小雅請假，沒有額外的加班費，造成他們生病那個月的收入減少了。

經過那次的經驗後，小雅全家對生活的心態也有了全面性的改變，他們開始不再那麼辛苦的加班，每天追著錢跑。也因為事先規劃了健康險的保障，所以，深刻的體會到理財的重要性。除了工作賺的收入外，還得額外增加理財收入。每年全家出國旅遊，看著臉書上他們一張張全家出遊的照片，很是幸福。還好小

雅老公的這場病因為有了保險，所以沒能擊垮他們家，卻反而讓他們更珍惜現在的家庭生活。

表 4-3：已婚，購屋族，有小孩之保險規劃策略

家庭階段	規劃策略分析
已婚，購屋族 / 有小孩	1. 用定期險拉高住院病房費保障。 2. 用定期險拉高一次性給付重大疾病險，避免短期家中的開銷造成全家困境。

資料來源：作者提供

　　在 30 歲之前，年輕朋友因家庭狀況各不相同，除了利用第三章的圓餅圖及預算，選擇自己的規劃方案之外，如果能同時考量到單身 / 已婚、家庭成員狀況、是否購屋 / 有小孩，更可以讓年輕朋友清楚的判斷什麼樣的保險商品應該優先規劃。

　　3 個真實案例的分享，也是讓年輕朋友想像一下，通常生病時第一時間想到的，往往不是疾病或意外事故本身，而是病人的心理因素、經濟壓力，以及思考到未來無法工作該怎麼辦的恐懼感。規劃好一份適合自己家庭狀況的健康險，除了可以解決醫療費用所帶來的額外支出，也解決了生病時的心理壓力，如此一來，才能真正安心養病，盡快回到人生的軌道上。

我其實很喜歡和這 3 個案例的朋友保持連繫，因為我在他們身上看到了保險的真義，解決了他們人生無法預期的風險，也讓我體悟到能用錢解決的事都不是大事。若因為生病而被擊垮，從此人生變了樣，回不去了，那才是真正的大事。

接下來，年輕朋友們，要開始簽下自己的第一份健康險保單時，通常會有什麼步驟流程？未來發生理賠時，又要準備些什麼呢？以下的章節將簡單的告訴你，在投保健康險的流程中，有哪些重要信息你必須知道，只要這樣做，你也可以成為健康險高手哦！

⑤ 投保健康險，這些信息你必須要知道

填寫要保書時，你該做什麼？

一、確認要保人、被保險人與受益人是誰

和保險公司簽訂保險契約時，通常會填寫一份書面要保書，作為雙方簽訂的契約。在和保險顧問簽訂契約時，請先確認好要保人、被保險人和受益人是誰。那麼什麼是要保人、被保險人和受益人呢？

要保人：

是指對被保險人具有保險利益，向保險公司申請訂立人壽保險契約，並負有繳交保險費義務的人。要保人具有指定或更改受益人、變更保險契約、終止契約的權利。簡單來說，要保人通常也是繳保費的人，所以，保單本身若有保單價值金或保單借款功能，都是屬於要保人的權益。

通常健康險的要保人應該是自己。要保人必須是對被保險人有保險利益之人，保險法規定，要保人對以下幾種人具有保險利益，也就是說，要保人可以以這些人為被保險人，向保險公司投保人壽保險，一、本人或其家屬、二、生活費或教育費所仰給之人，三、債務人、四、為本人管理財產或利益之人。所以，父母可以為要保人，幫小朋友買保險。

被保險人：

健康險的被保險人，就是以其生命身體為保險標的，並以其生存、死亡、疾病或傷害為保險理賠要件的人，也就是保險的對象。如要保人和被保險人不是同一人時，在要保書簽約時，必須要保人和被保人同時親簽，確認保險契約的內容。

受益人：

依保險契約約定，受領保險公司所給付的保險金者。在一般人壽保險契約上，都有指定或變更受益人的約定。

- 身故保險金受益人：

　　指定受益人並無人數的限制，要保人可以指定一人或同時指定數人為受益人。受益人也不限於個人，公司行號也可以被指定為受益人。指定受益人的唯一限制，是受益人於請求保險金額必須生存。死亡保險契約的要保人若沒指定受益人，則該筆保險金就視為被保險人的遺產。所以，身故保險金受益人的考量都是給家人，或者我們覺得重要的親人為主。當然，也有人選擇將受益人指定給慈善機構。

- 醫療理賠金受益人：

　　毫無疑問的，基於道德風險考量，限定被保險人本人、未成年法定代理人為醫療理賠金的受益人。這樣的好處是保險金不會被不肖人士占用。

　　好啦，想清楚了要保人、被保險人和受益人的角色了沒？年輕朋友在規劃自己的第一份健康險時，應該都是用自己的工作收入來支付，所以要保人和被保險人都是自己，而健康險的受益人當然也就是自己囉！

保險小百科：

什麼是要保書？

要保書是指要保人向保險公司申請投保時所填寫的書面文件。主要包括基本資料、告知事項與聲明事項三大部分。基本資料主要是有關要保人、被保險人與受益人的基本資料，以及要保事項，例如：出生年月日、地址、電話、身分證字號、職業；告知事項是記錄對被保險人的詢問事項，例如：目前的健康狀況、現在是否有身孕等；聲明事項是指被保險人的授權事項，以及確認告知事項屬實。

二、填寫完整正確的通訊地址

在保險要保書中一般會有兩個地址欄位，一個是戶籍地址、一個是通訊地址。通常保險公司的重要通知都是郵寄到通訊地址，而現在因為網路的發達，更發展到了透過電子郵件或手機簡訊寄送通知的功能。所以，當你投保後，通訊地址或者是電子郵件、手機號碼變動時，記得通知保險公司或保險顧問，即時變更你的通訊地址及電子郵件。過去，有很多案例是因為沒有收到保險公司的扣款不成功通知即時補繳費用，導致保障停效、保障中斷，而萬一在這段時間發生保險事故，那可真的是得不償失。

三、健康與職業告知

填寫完要保書的基本資料後，保險公司用來判斷核保風險的就是你的健康狀況和職業等級。關於職業等級，可以參考第二章，有針對職業等級提供詳細說明。而健康告知，就是另一個提供給保險公司的風險參考情況。建議年輕朋友可以透過保險顧問的引導說明，來填寫健康告知。有個小技巧，因為健康告知是用提問的方式來讓你勾選回答，你只要照著提問問題回答就可以了。

　　以下提供大部分保險公司常會有的健康告知題目予年輕朋友參考：

□ 過去 2 年內是否曾因接受健康檢查有異常情形而被建議接受其他檢查或治療？...

□ 最近 2 個月是否曾因受傷或生病接受醫師治療、診療或用藥？
....

□ 過去 5 年內是否曾因患有下列疾病，而接受醫師治療、診療或用藥？...

1. 高血壓症（指收縮壓 140 mmHg 或舒張壓 90 mmHg 以上）、狹心症、心肌梗塞、心肌病變、不整脈、頻脈（100 次以上 /分鐘）、徐脈（45 次 以下 / 分鐘）、心內膜炎、風濕性心臟病、先天性心臟病、主動脈血管瘤、心房心室中隔缺損、僧帽瓣狹窄或閉鎖不全、主動脈瓣狹窄或閉鎖不全、主動脈或肺動脈狹窄、法洛氏四重症、開放性動脈導管？

2. 腦中風、腦出血、暫時性腦缺血、腦栓塞、腦梗塞、腦瘤、腦動脈血管瘤、腦動脈血管畸型瘤、多發性硬化症、癲癇、肌肉萎縮症、重症肌無力、智能障礙（外表無法明顯判斷者）、巴金森氏症、脊椎病變、精神病？

3. 肺氣腫、支氣管擴張症、塵肺症、肺結核、慢性阻塞性肺病？

4. 肝炎、肝內結石、肝硬化、肝功能異常（GPT、GOT、膽紅素、鹼性磷酸酶、a-FP、r-GT 異於檢驗標準值者）？

5. 腎臟炎、腎病症候群、腎機能不全、尿毒、腎囊胞、腎結石、尿路結石、視網膜出血或剝離、視神經病變？

6. 癌症（惡性腫瘤）？

7. 血友病、白血病、貧血、紫斑症、紅斑性狼瘡、膠原症、愛滋病或愛滋 病帶原？

8. 糖尿病、類風濕性關節炎、肢端肥大症、腦下垂體機能亢進或低下、甲狀腺或副甲狀腺功能亢進或低下？

□ 過去 1 年內是否曾因患有下列疾病，而接受醫師治療、診療或用藥？ ....

1. 眩暈症、腦震盪、肢體性麻痺、青光眼、白內障、痛風、高血脂症、酒精或藥物濫用成癮？

2. 肝脾腫大、肝膿瘍、肝炎病毒帶原、黃疸、膽結石、食道、胃、十二指腸潰瘍或出血、潰瘍性大腸炎、胰臟炎、便血、腸阻塞？

3. 慢性支氣管炎、氣喘、肺膿瘍、肺栓塞、氣胸、肋膜炎、咳血、白血球增生、淋巴腺腫大、甲狀腺腫大？

4. 口腔白斑或纖維化或潰瘍、不明皮膚色素沉澱、體重減輕超過 10% 以上？

□ 目前身體機能是否失明、聾啞及言語、咀嚼、四肢機能障害？

....

□ 過去 5 年內是否曾因受傷或生病住院治療 7 日以上？

健康有瑕疵，投保時該注意什麼？

　　如果身體曾有些疾病，例如：氣喘、血壓高、骨折裝人工支架等狀況，投保健康險時該注意什麼呢？這時，我們可以用核保醫學和臨床醫學的差別，簡單的幫自己判斷核保的可能狀況。

　　我們去看醫生時，有些疾病醫生會說沒什麼大礙，但在保險公司看來為何卻是大事一件呢？差別就在醫生看你的症狀是屬於臨床醫學，而保險公司看的是核保醫學。

　　什麼是臨床醫學，簡單來說，臨床醫學重視的是解決病人「當下」的病症，考量的是病人當前的「存活率」，所以，我們就診時，醫生會根據我們當下的症狀對症下藥，解決問題。而核保醫學，重視的是病人在目前這個病症下，「未來」可能發生風險的機率有多大，考量的是「死亡率」和「重症殘廢的機率」。

　　舉例來說，憂鬱症這類的病症，以臨床醫學來說，若按時服藥就可以控制下來，對醫師而言，就是無大礙。而以核保醫學來看，考量的就是憂鬱症可能無法根治，未來有可能復發的風險，而且無法估算可能的成本。所以，通常是會拒保的。

再舉個例子，若是高血壓這類的慢性病，在臨床醫學來看，只要按時服藥控制血壓就沒問題了。然而，從核保醫學來看，高血壓無法根治，未來若病人沒有按時服藥或遇到突發刺激，都可能影響更嚴重的「死亡率」和「重症殘廢的機率」。所以，保險公司針對有按時吃藥，血壓控制良好，並且無其他病症的保戶，酌情加費承保。

還有一種情況是，像女生常見的子宮肌瘤，從核保醫學的角度，考量的是未來肌瘤擴大的風險，但因為子宮肌瘤的「死亡率」和「重症殘廢的機率」較小。所以，通常保險公司會酌情的把子宮肌瘤或相關子宮的病變批註除外，意思是萬一發生這類型的保險事故，是不理賠的。除非等到子宮肌瘤拿掉，確認風險消失後，才能再酌情取消。

結論是通常若非標準體在投保健康險時，有可能會有 1. 拒保、2. 加費承保、3. 批註除外承保，3 種不同的投保結果，年輕朋友可以視情況再與保險顧問討論確定。若依作者的想法，若非標準體購買保險，以先求有再求好的投保策略，讓你的保障不會完全處於空窗狀態。若是有被拒保的可能結果，建議先好好控制病情，等待病情穩定時再來投保，用時間來爭取更好的投保條件。

⑤ 拿到保單後，你該做什麼？

一、善用保單簽收後的 10 日猶豫期，
　 提早你的保障開始時間

如果你有在網路購物的經驗，一定非常熟悉並可能早已用過 7 天鑑賞期退貨退款的的機制。因為保險是無形的商品，在避免消費糾紛的同時，主管機關明訂在保險消費規範中，當保戶拿到保單時簽收後的隔天起算 10 日內，都可以無條件退保，拿回百分百的已繳保費。這個耳熟能詳的購物流程用在投保流程中，其實是一個非常好用的功能。

因為在貨比三家和想了解保險商品內容時，往往會遇到決定時間拉太長，以致發生變數。例如：考慮太久後，保險年齡多一歲、保單要停賣，或者還沒確定是不是自己想要的。這時，可以利用保單 10 日猶豫期，先讓你的保障生效後，等保單下來簽收後的 10 日內，做最後決定。因為，保險生效日是在保險公司承保後，追溯至要保文件及保費或轉帳授權書送達保險公司的翌日凌晨開始生效，你就可以提早享受這份保障，又可以有充分的時間做好決定，一舉兩得。

二、要知道疾病有 30～90 天的等待期，若等待期間發生保險不理賠

　　投保健康險的保單生效日起算，疾病等待期 30 天，癌症與重大疾病等待期 90 天後開始發生的疾病才在保障範圍內。為什麼會有這樣的規範呢？通常是為了預防道德風險，也就是帶病投保，已經確認生病了，隱瞞病情再來投保健康險。如此一來，除了造成保險公司無法預估的風險之外，更可能造成把費用轉嫁到其他保戶的不公平現象。所以，趁年輕身體健康時就開始規劃自己的健康險，善用 10 日猶豫期，可以讓你在人生努力打拼、正打算開始理財規劃實現夢想的階段，立於不敗之地。

保險小百科：

- **疾病的定義**：是指被保險人保單生效日起，持續有效 30 日以後才開始發生的疾病。
- **癌症／重大疾病等待期間**：是指被保險人保單生效日起，持續有效 90 日之期間。

三、了解年繳、半年繳、季繳及月繳保費的差別，選擇對你最有利的

　　保費的繳交方式有分為年繳、半年繳、季繳和月繳。到底，這些繳法有什麼差別呢？我們可以用一個簡單的表格來進行比較。

　　假設，以年繳 1 萬元的保費做計算，那麼半年繳就是每期繳 5,200 元，季繳就是每期繳 2,620 元，月繳就是每期繳 880 元，相當於半年繳比年繳多繳了 4%，季繳比年繳多繳了 4.8%，月繳比年繳多繳了 5.6%，以此類推。

　　試想，你要把 1 萬元存在銀行定存 1 年，最多會給你多少利息，答案是 1% 左右。所以，從理財的角度來看，年繳省下來的保費比你賺到的利息錢多更多哦！怎麼繳對你最有利又沒壓力，建議你可以找你的保險顧問討論討論。

表 4-4：年繳、半年繳、季繳及月繳保費的差別

繳別	年繳	半年繳	季繳	月繳
係數	1	0.52	0.262	0.088
每期保費	10,000	5,200	2,620	880
總繳保費	10,000	10,400	10,480	10,560
比年繳多繳		4%	4.8%	5.6%

資料來源：作者提供

四、了解你可以用什麼管道繳交保費，幫你省時又省錢

　　有鑑於現在消費金融的便利，一般保險公司除了會提供信用卡、金融卡、銀行、郵局轉帳方式繳費之外，還提供了便利商店自行繳費的方式，的確比以前方便太多了。建議年輕朋友可以選擇自己最省心、省力又省錢的繳費方式繳費，也可以善用信用卡提供的無息分期，或投保保險公司的金融卡，其通常也會有額外的繳費折扣優惠。一樣可以跟你的保險顧問請教，如何能幫你省更多繳保費的時間和成本哦！

五、善用繳費寬限期，避免保障臨時中斷

　　年輕朋友因為剛開始工作，有可能剛換工作或身上存款不多，萬一繳不出保費時，你可以利用繳費寬限期，避免保障臨時中斷。通常保費寬限期是指保費繳款到期日後 30 天內，也就是說繳款期限到期未繳，仍有 30 天的寬限期，保障不中斷。在此也提醒年輕朋友，按時繳保費也是養成理財習慣的方法之一哦！

🛡 牢記 4 點，確保理賠順利又快速

通常保險事故發生後的兩年內都能申請理賠哦，所以，若是忘記申請理賠未超過兩年，趕緊打電話到保險公司申請，還是能得到完整的理賠服務。最怕的就是相關的收據早就遺失了，是否有什麼補救的辦法呢？到底，該怎麼申請理賠呢？牢記以下 4 點，可以確保理賠順利又迅速哦！

重點一、就醫前後，聯繫保險顧問

就醫看診前後，與保險顧問或者保險公司聯繫，告知目前遇到的就醫狀況及病況為何？這樣做的好處是可以讓保險顧問提醒我們，目前健康險的保障內容與額度，以及後續理賠需提供的資料是什麼。記得不管什麼情況，只要到醫院或診所就醫（除了感冒門診之外），就先打通電話給你的保險公司或顧問，也許有你以為不能理賠的狀況，但實際上是可以申請到保險補償的。

曾經有個案例，因為白血球過低，不明原因就醫，結果到了醫院後，仍然找不到病因。後來，醫院建議要將檢體送到外面的檢驗所詳細檢查，但需要額外自費 1 萬元。他在與保險公司確認後，因為，是醫生認定必要的醫療行為，所以只要在醫師診斷書上註明清楚，在申請文件送達的 3、4 天之後，他所申請的理賠也就順利下來了。若沒事先問清楚，可能就要再回到醫院，請醫師在診斷書上補充說明，除了浪費自己的時間之外，也可能擔誤了醫師看診的時間喔！

重點二、準備相關理賠文件

出院前，請再次與保險顧問或保險公司確認，你所需要準備的相關理賠文件明細。通常，準備出院前，大概都已經知道要支出什麼費用，甚至是下次復診的時間，或後續的花費。尤其，當你同時投保兩家保險公司時，你就得申請兩張診斷書。由於只能有一份收據正本，若另一家可以副本理賠，你還得同時向醫院申請副本收據，並請保險顧問協助確認正本文件要交給哪家保險公司申請，才能爭取到最高的理賠金額。

通常必備文件以醫師診斷書、醫院開立的醫療收據為主。而有些疾病可能需要額外準備其他的相關資料，例如：骨折理賠需提供骨頭 X 光片光碟，用來判斷骨折的情況；癌症理賠則需提供癌症確診的病理切片報告等。

曾經碰過許多案例沒有事先聯繫保險顧問，結果事後申請理賠因遺漏文件，而需回醫院補申請資料。後來，因為工作忙、又要再回醫院掛號，覺得理賠金額才幾百元，隨便就放棄你的理賠權益。

下面整理了申請不同類型的健康險理賠時，大致上需要準備的資料，提供給年輕朋友們參考。

表 4-5：申請健康險理賠時所需準備的資料

申請項目\\必備文件	重大疾病/特定傷病	日額型/手術型醫療	實支實付醫療	骨折津貼	癌症醫療	豁免保費	殘扶金
理賠申請書	●	●	●	●	●	●	●
診斷證明書/殘廢證明書	●	●	●	●	●	●	●
正本收據			●				
醫療費用明細			●				
病理切片報告					●		
X 光片（碟）				●			
受益人身分證明							●

資料來源：作者整理

重點三、填寫理賠申請書及匯款帳號

每家保險公司的理賠申請書略有不同，但一定會有讓你填寫保險事故（原因）、匯款帳號的欄位。若是意外事故，建議簡略說明意外事故原因，有利保險公司判斷確認是否為意外事故，可以加快理賠速度，避免照會補件的往返時間。

另外，理賠金給付方式有兩種，一種是匯款，就是直接匯入你的銀行帳戶，另一種是開支票，而何者對你最有利，自然是直接匯到你的銀行帳戶，不僅快而且方便。

重點四、詳閱理賠明細，確認理賠內容是否有缺漏

各家保險公司申請理賠下來的時間不一，最快是在收到申請文件後 2、3 天，就獲得理賠。

當你收到理賠金的同時，也會收到一份書面或電子版本的理賠明細，上面會註明賠了什麼險種、什麼項目，你可以看看理賠的金額和你收據上的金額有無差距，或者住院天數是否和你實際的住院天數吻合。若有疑慮，可以向保險公司或保險顧問確認。

因為，通常若較為複雜的理賠，大多是由理賠人員人工審查，所以，自己多確認一下，也可以確保自身的權益。

看完上述章節，從觀念的釐清到了解你在保險上的需求，掌握你可以運用的預算，接下來，你只要跟著書裡面的信息做，你也可以成為健康險的高手，把錢花在刀口上，不至於踩到坑。也

希望「保險是騙人的」這樣的說法，可以不再發生在你我周遭的朋友身邊。

　　接下來的第五章，我們將要來聊聊未來你必須要有的 3 個健康險種，以及年輕朋友常常問到的保險問題。

第五章
人生中必須要有的 3 張健康險保單

　　人生的每個階段都有不同的課題，20 歲的青春之犢不畏虎，準備踏入一個新的社會領域，面對不一樣的挑戰，彷彿展開一場冒險旅程，邁入 30 歲的我們接受了社會洗禮，讓我們更加成熟穩重，肩上也背負了更多的責任與使命。就在我們逐漸成長的同時，守護我們的健康險也要隨著主人的需求不同而調整。就像我們隨著年齡增長，體型也跟著成長，過去的 S 號牛仔褲，現在怎麼都塞不下，即便心裡再怎麼不想面對，現實就是得買更大的 Size 才行。

　　這道理放在投保健康險的概念是一樣的，剛成為社會新鮮人的時候，因為預算有限，規劃的健康險在保額上只能先以基本保障為主，或是取捨部分的保障項目。但隨著工作資歷與薪資收入的成長，我們也要階段性提升自己的規劃，以免身價提升了，保障卻顯得不足，所以，健康險絕對不是買了就好，或是有買就好。我習慣每 2 ～ 3 年就和我的客戶重新檢視一次現有的保障是否符合需求，如此一來才能確保擁有的保障能否因應當下的風險發生。

　　而本書的這一個章節，就是要和大家分享在我們階段性提升自身保障的時候，你必須特別重視的 3 張健康險保單。

⑤ 實支實付醫療險，荷包的救命符

　　你有沒有曾經聽過身邊朋友或是長輩、親戚住院治療，出院時付給醫院好幾十萬的醫藥費。又或是進行手術前，醫生向病患說明幾種不同的手術方式，有健保給付也有自費的選項，但往往自費金額一公佈卻讓人倒退三步。

　　這樣的場面天天都在發生，所以，現在的人越來越該重視實支實付醫療險，這也可以說是人生必要的第一張保單，買它準沒錯。不過，到底我們需要買多少額度的實支實付醫療險才足夠？我想這是大家最想得到的答案。

常見的自費項目

1. 達文西機械手臂手術：平均 15 ～ 20 萬

　　達文西機械手臂是目前全球最先進的機械微創手術系統，自 2004 年引進台灣到現在，已被應用在 21 種療程。它的強項是在狹窄的體腔內能活動自如，精準程度能幫葡萄完成剝皮手術再縫回去，現在已逐漸廣泛應用於一般外科與耳鼻喉科，而其中又以泌尿科和婦科手術最為主要。

　　表 5-1 為達文西機械手臂手術與傳統手術和內視鏡手術的比較。

表 5-1：達文西手術與傳統手術和內視鏡手術的比較

傳統、內視鏡、達文西手術的比較

	傳統手術	微創手術	
手術類型	開胸、剖腹	內視鏡	達文西機械手臂
傷口	大	小	小
出血量	多，但緊急狀況能以手直接加壓止血	少	少
縫合	容易	較難，需較長學習經驗	容易，適合精密縫合
住院天數	長	短	短
疼痛程度	高	低	低
術後沾黏	高	少	少
適用條件	• 早期及晚期癌症 • 病灶在組織中央、大血管旁	• 早期癌症 • 病灶在器官邊緣或表淺位置	• 早期癌症 • 深層組織病灶，如攝護腺、食道、子宮頸 • 出血量多組織，如心、肝、胰臟切除 • 曾接受放療、化療的中低位直腸癌
費用	健保給付	健保給付，部分耗材自費約數萬元	自費 平均約 20~30 萬元

資料來源：聯合報

　　試想一個畫面，當今天我們生病必須動手術，醫生告訴我們有兩種選擇，一種就是開傳統刀，在手術部位劃一大刀，傷口大、復原慢，且疼痛感強烈，最麻煩的是住院天數長，傷口也容易沾黏，但好處就是健保給付，我們不需要再額外負擔手術費。另一種則是新式微創手術－達文西機械手臂，只要在手術部位開 3 個洞，讓兩支機器手臂加一支 3D 內視鏡進入體內，醫師就可以在控制台上操作機器手臂，因為傷口小，所以復原快，疼痛感也較低，約莫兩天就可出院。而且因為沾黏的機率小，傷口保養也比較容易，但前提是我們必需準備 15 ～ 20 萬不等的預算。我想問問年輕朋友們，你們會如何選擇呢？

　　我想大家應該內心都會期望後者，只是現實會讓我們必須考慮錢的問題。如果你有這筆預算，我想你一定會毫不猶豫並大聲地告訴醫生：我選擇達文西手術。但如果打開存摺，發現餘額不足，你大概會默默含淚選擇一般手術，只好忍受身體的痛楚。

　　上個月，我有一位 48 歲的女性客戶聯繫我，這幾年她都一直有婦科相關的疾病，最近因為子宮肌瘤的問題讓她不太舒服，經期來時會劇烈疼痛。醫師評估後，建議她手術切除肌瘤，並向她推薦使用達文西手臂，而手術費用為 17 萬元，她打電話來詢問我 20 年前買的醫療保險是否可以理賠。她的保險內容為終身醫療與手術險，以及雜費限額 6 萬元的實支實付醫療險，我幫她計算了一下，此次可理賠的金額約為 10 萬元左右，也就是她還需要自己再額外準備 7 萬元，她想了想，最後還是選擇了一般手術。如果以這個案例來說，她的雜費額度如果能再提高一倍，可能她的選擇就不同了。

2. 心臟塗藥支架：平均每支 5 ～ 6 萬

現在的人因為飲食習慣偏油膩、重口味，加上運動量少，三高（高血壓、高血脂、高血糖）已經是常見的國民病。根據衛生署的統計，心血管疾病發病年齡平均為 52 歲，但最年輕的心肌梗塞病患卻只有 22 歲。因此，隨著生活與工作壓力不斷的提升，三高人群的年齡逐漸地年輕化，光是這兩年相比較，三高好發人群就從 40 幾歲下降到 30 幾歲，而三高則是引發心臟相關疾病的主要元兇。

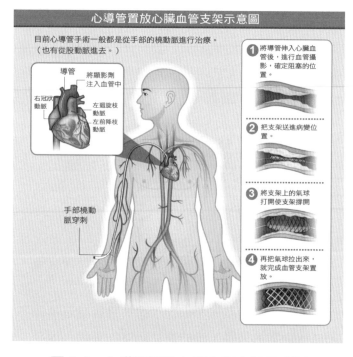

圖 5-1：心導管置放心臟血管支架示意圖

資料來源：全民健康基金會

　　心肌梗塞主要是因為血管狹窄、阻塞，導致血液無法順利流通，必須裝入心臟支架來將阻塞的血管撐開，以恢復血流的通暢。而心臟支架的選擇有健保給付的「裸金屬支架」，以及自費的「塗藥支架」兩種，表 5-2 為兩者的差異比較。

表 5-2：裸金屬支架與塗藥支架之比較

支架種類	裸金屬支架	塗藥支架
特性	為單純未塗藥支架，藉由金屬架構將血管撐開，可避免氣球擴張後血管再坍塌，或避免氣球擴張後血管剝離引起之急性血栓。	以「免疫抑制複合體」（LIMUS）類型的藥物為主，如 everolimus、zotarolimus 等，可抑制血管的免疫反應，避免血管再次狹窄。
再狹窄率	半年再狹窄率平均 20%。若患者有糖尿病或是腎功能不好，且血管較小者，半年內血管再狹窄率可能超過 50%。	半年再狹窄率 5% 以下。若半年內無狹窄，之後血管再狹窄率每年約 2%。
費用	健保給付。	健保給付 1.7 萬元，剩下自費部分一支約 5、6 萬元。
選擇考量	僅適合於血管病變較單純，且血管內徑大於 2.5 毫米者。	血管阻塞情形很複雜，下次再阻塞的機率較高者，建議選擇塗藥支架。

資料來源：全民健康基金會

每次和長輩族群的客戶聊天，不難聽到他們說哪位同學或是哪位朋友因為心肌梗塞又去裝了心臟支架，有的情況較輕微者只裝了 1 支，但大多聽到的案例都是直接裝 2 支。1 支自費 5 ～ 6 萬，若一次裝 2 ～ 3 支，就需花費 10 ～ 18 萬元不等，著實是一筆不小的費用。

3. 人工水晶體：平均一眼 3 ～ 9 萬

我們眼睛裡的水晶體是唯一透明的組織，可使光線穿透過去，讓視網膜能抓到影像。當水晶體發生混濁、硬化，就叫白內障，一開始視力會漸漸模糊、顏色變調、畏光、出現黑點與複視，嚴重時則會影響生活及工作，目前手術是最有效的改善方式。

白內障的發生原因主要是老化，4、50 歲後水晶體會自然硬化、混濁，但隨著 3C 產品的廣泛使用，不論是打電腦、滑手機、追劇，都成為國民運動，而藍光對眼睛的傷害，使得白內障的發生年齡正逐漸下降。

白內障手術是以置換人工水晶體來恢復視力。人工水晶體一旦置入，是很難再取出的，所以在手術前，醫生會讓病患選擇要使用的人工水晶體。

表 5-3：單焦點球面人工水晶體與多焦點非球面人工水晶體的差異

水晶體類型	功能	費用
單焦點球面人工水晶體	焦距只能看遠，球面則是看到物體的邊緣會變形。	健保全額支付 2,744 元
多焦點非球面人工水晶體	能看遠看近、散光、抗 UV 紫外線、過濾藍光，重點是非球面，看東西像正常眼睛，物體不會變形。	扣除健保支付 2,744 元後，需負擔差額。你可依照需求選擇，費用為每隻眼睛 3～9 萬元不等。

資料來源：作者製表

　　人工水晶體植入手術絕大多數採門診進行，所以在申請商業保險理賠時，有門診手術給付的險種才可理賠。規劃實支實付醫療險時，務必記得留意條款是否明文保障門診手術喔！

4. 人工關節：平均 3～12 萬

　　置換人工關節是目前常見的自費醫材之一，又以髖關節與膝關節的退化最為常見，髖關節是人體站立或行動時最重要的關節，主要支撐人體的重量，並可以有多方向的活動。其中以肥胖者或是工作型態如搬運、背負重物，或長時間採取蹲姿或跪姿的工作者，較易發生髖關節退化問題。膝蓋則因長期過度使用及年齡老化等原因導致退化。

　　目前，置換人工關節之骨材、關節與關節交界處都有健保的全額給付，不過健保給付的人工關節比較容易磨損，自費的材質

則磨損率較低。以關節交界處為例，健保給付的材質為聚乙烯，約10年會完全磨損，需再次開刀置換；自費的材質是以陶瓷或金屬頭，大約可使用20～30年。

金屬頭的手術費用約需自費9～12萬，僅部分醫師使用。陶瓷的材質約需自費11～13萬，置換後還可跑步，通常65歲以下的患者會建議使用此類材質。而在骨材的部分，健保給付的材質是金屬合金，可使用40～50年，但缺點是術後的復原時間相當長，至少需3個月以上的復原期，且容易鬆脫或發生排斥現象。現有國外醫界新研發的鉭金屬，結構與人體骨小樑極為類似，所以與人體相容性最高，可減少排斥，1～2個月即可回復正常作息，但需自費約4～5萬。

其實隨著醫療不斷進步，使用的手術技術與材料越來越精密，自費給付是一個趨勢。同時隨著年齡的增長，身體病痛越來越多，所以在基本保障規劃完成後，可以針對實支實付醫療險多加強。建議年輕朋友可階段性增加第二家實支實付醫療險，來提高雜費限額的保障。以下將以「心導管手術」與自費金額高的「重肌無力症治療」的理賠範例加以說明。

【案例假設】

定額給付：病房費每日 1,000 元
實支實付：每日病房費 1,000 元
　　　　　雜費　　　　80,000 元
　　　　　日額選擇權 1,500 元

表 5-4：心導管手術與重肌無力症治療之理賠範例

	支出項目		實際花費	定額給付	實支實付	雙實支實付
1. 健保全額給付（裸金屬支架）	住院	3 天健保房	0	3,000	4,500	9,000
	手術	心導管手術	0	20,000	0	0
	雜費	健保給付金屬支架	0	0	0	0
2. 健保部分給付（塗藥支架）	住院	3 天單人房	9,000	3,000	3,000	6,000
	手術	心導管手術	0	20,000	0	0
	雜費	健保部分給付塗藥支架	60,000	0	60,000	120,000
3. 自費項目多（重肌無力症）	住院	3 天健保房	0	3,000	0	0
	手術	無	0	0	0	0
	雜費	自費藥品	180,000	0	80,000	160,000
總金額	1. 健保全額給付		0	23,000	4,500	9,000
	2. 健保部分給付		69,000	23,000	63,000	126,000
	3. 自費項目多		180,000	3,000	80,000	160,000

資料來源：保險好 easy

由表 5-4 可得知，若要因應現在高自費的醫療開銷，實支實付是最能解決費用來源的險種，建議雜費額度可至少規劃 18 ～ 20 萬以上。若預算充足，以雙實支實付醫療險來規劃會比單一實支實付醫療險來得更好，保障更加完善。

⑤ 重大傷病險，不讓風險壓垮意志力

衛福部統計，2017 年國人十大死因中，就有超過一半和重大疾病有關係，而這些疾病有較高的致死率，治療過程需要花費不少的金錢。

在我身邊罹患重大傷病的朋友或客戶當中，我發現治療狀況較穩定的那些人，大多有一個共通點，那就是「有足夠的錢」。曾經有一句話是這麼說的，「有錢的人，存活率比較高」。很多人放棄治療，意志力低弱，大多都是擔心治療費用昂貴，甚至是拿不出這筆錢接受治療，其經濟問題占很大的層面。

從國人十大死因中來看，排名居高不下的癌症，已蟬聯 36 年冠軍，不過，隨著治療技術的進步，現在治癒率已經比以前高出許多，但還是不難看出罹患癌症的人數不斷增加。打開電視新聞，常有名人罹患癌症的報導不斷出現，像是我們熟悉的孫越叔叔，他就罹患肺癌、而繪本畫家幾米罹患血癌、棒球明星王貞治罹患胃癌、前裕隆董事長嚴凱泰罹患食道癌、陳文茜罹患肺腺癌等，都在在提醒著我們，要好好注意自己的身體健康，提前做好保障的規劃。

表 5-5：十大死因死亡人數及死亡率

	死亡人數（人）		死亡率（每十萬人口）				標準化死亡率（每十萬人口）		
	106 年	較上年增減 %	105年順位	106年順位	106年	較上年增減 %	順位	106年	較上年增減 %
所有死亡原因	171,857	-0.3			729.6	-0.5		424.3	-3.4
癌症	48,037	0.6	1	1	203.9	0.4	1	123.4	-2.7
心臟疾病（高血壓性疾病除外）	20,644	-0.8	2	2	87.6	-1.0	2	48.5	-3.6
肺炎	12,480	2.2	3	3	53.0	2.1	4	26.5	-1.5
腦血管疾病	11,755	-0.8	4	4	49.9	-1.0	3	27.5	-3.8
糖尿病	9,845	-1.2	5	5	41.8	-1.4	5	23.5	-4.1
事故傷害	6,965	-3.3	6	6	29.6	-3.3	6	21.9	-5.2
慢性下呼吸道疾病	6,260	-7.8	7	7	26.6	-8.0	7	13.3	-11.9
高血壓性疾病	6,072	3.2	8	8	25.8	3.2	8	13.3	-1.5
腎炎、腎病症候群及腎病變	5,381	3.0	9	9	22.8	2.7	10	12.4	0.0
慢性肝病及肝硬化	4,554	-3.9	10	10	19.3	-4.0	9	12.6	-6.0

資料來源：衛福部統計處

市場上針對重大疾病提供一次性給付的類型有幾種，從以前的重大疾病、特定傷病，到現在大眾一直在談論的重大傷病，它們到底有什麼差異呢？若以前已投保了重大疾病險，現在還需要增加重大傷病險嗎？我將其整理成表 5-6 來說明。

表 5-6：重大疾病、特定傷病與重大傷病的差異

	重大疾病	特定傷病	重大傷病
給付標準	罹患的疾病須完全符合保單條款中的定義		以領取「重大傷病卡」即符合標準
給付方式	一次性給付		
疾病項目範圍	傳統 7 項：重度癌症、急性心肌梗塞、重度腦中風後殘障、癱瘓、重大器官移植、冠狀動脈繞道手術、末期腎病變	加入近幾年民眾常見的特定重大疾病：阿茲海默症、帕金森氏症、紅斑性狼瘡、運動神經元疾病、重大燒燙傷…等最多 31 項	依照衛福部公告的重大傷病卡涵蓋的疾病分為 22 類、近 400 多項，排除「投保前已領重大傷病卡者」以及「職業病」與「先天性疾病」
理賠所需文件	醫院診斷證明與相關報告		重大傷病證明
理賠難易度	較困難		較容易

資料來源：作者製表

　　從以上的條件看來，確實重大傷病險的範圍較過去的重大疾病與特定傷病險廣泛許多，也不受限於罹患的「特定疾病」，理賠定義改由衛福部健保局規範，而非各保險公司制訂。

　　由國人重大傷病卡的持卡數來看，截至 2019 年 2 月底統計，已高達 95 萬人，相當於每 24 個人就有 1 個人持卡，比例相當地高。而以國人十大死因 36 年皆排名第一的癌症最多，占了 43.6%，排名第二的則為慢性精神病，占 21%。

　　為什麼建議各位年輕朋友在提高自己的健康險保障時，一定要規劃足額的「重大傷病險」呢？我想由 5 個層面與大家分享。

註：因重大傷病卡項目會不定期更新，建議可上衛生福利部中央健康保險署官網查詢重大傷病卡項目。

網址：https://www.nhi.gov.tw/Content_List.aspx?n=3AE7F036072F88AF&topn=D39E2B72B0BDFA15

一、光是罹患率最高的癌症，在險種上的理賠定義就有很大的差異

表 5-7：癌症在癌症險、重大疾病險及重大傷病險的理賠定義

險種別	癌症定義	備註
癌症險 重大疾病險	分為初期、輕度與重度癌症。若一次性給付要理賠保額，必須符合「重度癌症」，否則一般只給付保額的 5% 或不給付。	**初期：** 1. 原位癌或零期癌。 2. 第一期惡性類癌。 3. 第二期（含）以下且非惡性黑色素瘤之皮膚癌。 **輕度：** 1. 慢性淋巴性白血病第一期及第二期（按 Rai 氏的分期系統）。 2. 10 公分（含）以下之第一期何杰金氏病。 3. 第一期前列腺癌。 4. 第一期膀胱乳頭狀癌。 5. 甲狀腺微乳頭狀癌（微乳頭狀癌是指在甲狀腺內 1 公分（含）以下之乳頭狀癌）。 6. 邊緣性卵巢癌。 7. 第一期黑色素瘤。 8. 第一期乳癌。 9. 第一期子宮頸癌。 10. 第一期大腸直腸癌。 **重度：**初期與輕度以外之癌症。
重大傷病險	需積極或長期治療之癌症。 1. 甲狀腺惡性腫瘤。 2. 口腔、口咽及下咽惡性腫瘤第一期。 3. 乳房惡性腫瘤第一期。 4. 子宮頸惡性腫瘤第一期。 5. 除 1～4 之其他惡性腫瘤。	

資料來源：作者提供

從表 5-7 的定義中可看出，第一期癌症在癌症險與重大疾病險中都不符合給付條件，理賠定義嚴謹許多，而在重大傷病險卻明列多項第一期的惡性腫瘤符合領卡標準。也就是說，若今天我們還不符合重度癌症，卻已領到重大傷病卡，這時只有重大傷病險可啟動理賠，重大疾病險與一般癌症險的一次性給付都還不符合標準。

二、洗腎理賠範圍更廣

洗腎人口眾多，而腎衰竭分為慢性與急性，重大疾病險或特定傷病險須符合「慢性且不可復原的衰竭，已經開始接受長期且規則之透析治療」，但健保在核發重大傷病險時，分成兩種：1. 慢性腎衰竭，必須接受定期透析治療。申請時已確定需定期透析治療，會核發永久的重大傷病證明。2. 急性腎衰竭，核發時還不確定是否須定期透析者，會先發 3 個月的重大傷病證明。

但不論是 3 個月還是永久的證明，重大傷病險保單約定只要取得重大傷病證明，一律都會理賠。

三、保障常見的 6 大慢性精神病

現代人家庭與工作壓力大，具有慢性精神病的患者越來越多，其涵蓋「思覺失調症」（俗稱的精神分裂症）、「躁鬱症」、「妄想症」、「自閉症」、「譫妄症」和現在人越來越擔心的「失智症」。而治療精神病，問題不是出在醫藥費，而是長期收入中斷所帶來的經濟壓力。

以公視的知名戲劇「我們與惡的距離」中，角色應思聰即因工作上受到的壓力造成「思覺失調症」，可透過藥物控制病情，但無法完全獨立生活與踏入一般職場，尚須有家人在旁關照，故保險給付提供的是給家人一筆安心的照料基金與生活開銷補貼。

四、門診＋輔助醫療用品與藥品很花錢

重大傷病卡可免除患者的自行負擔費用，但不包含自費項目，如想用好一點的藥品或是醫材，還是得自掏腰包。而每年全國民眾在醫療保健的支出中，只有 6 成來自健保與政府補助，剩下的 4 成還是仰賴家庭自付費用，所以即便有重大傷病卡，還是要自行給付相當高的醫藥費。

其中，多以門診就醫費用占比最重，為 38.26%，自費醫療用品占 32.86%，而住院只占了 13.57%。所以，只有重大傷病證明＋住院醫療險，根本不夠涵蓋醫療保健的需求。一次給付的重大傷病險，不指定用途，申請下來的保險金可以自由運用，如此才能真正補齊缺口，擁有好的醫療品質喔！

五、理賠範圍超過 400 項，且保障範圍彈性

重大傷病的定義包含「訂立時」與「有效期間內被保險人診斷當時」由中央衛生主管機關公告之傷病項目，也就是說若未來的重大傷病表項目不論是增加或減少，皆涵蓋在保障內容裡，權益不受影響。

綜合以上 5 點，已經構成你不可不規劃重大傷病險的原因了！不過，到底規劃多少的保額才夠？我們可以從幾個方向來考量。

一、準備黃金治療期 5 年的生活必要開銷

若不幸罹患重大傷病，為了有好的治療品質，不必擔心工作無法兼顧造成的經濟壓力，透過一次性給付將必要開銷準備好，便能較安心地全心全意接受專業治療，心情放鬆，病症也能恢復得較快、較好喔！若以一般生活開銷每月 3 萬元計算，至少要 180 萬的保額才夠。

二、了解常見重大傷病的非住院必要治療花費

以癌症為例，現在癌症常見的治療方式為放療、化療、手術、標靶藥物、新式放療、免疫療法…等。其中標靶藥物、新式放療、免疫療法的花費高，但不必住院即可完成，所以，住院醫療險無法給付這類型的治療費，必須倚靠一次性給付的保障來補貼。

根據媒體統計，癌症家庭平均一年的花費高達 50 萬元，若再加上補充營養品，每年光治病的開銷可能就高達 60 ～ 70 萬元。

表 5-8：癌症治療最怕五大錢坑

類別	特色	費用
標靶藥物	吃到好 or 惡化才停藥 健保有條件停藥	自費最高 250 萬 / 年
免疫藥物	吃到好 or 惡化才停藥 健保僅給付部分血癌	自費約 300 萬 / 年
放射手術	治療次數少，單價高昂 Ex: 質子刀	自費最高 100 萬
新式手術	傷口小，流血少，復原快 Ex: 達文西機械手臂輔助手術	自費 15-30 萬 / 次
長期療養所需與減損，喪失工作能力	輔助治療，療養復健，居家改善，生活開銷，收入中止	長期且源源不絕

資料來源：好險在這裡（作者彙整）

　　看到這些費用，是否彷彿看見天文數字呢？在此呼籲年輕朋友們，只要這些費用對你來說，是無法直接從提款機領出來的，就好好替自己規劃一次性給付的保障吧！就算你很會幫自己存錢，我相信這些錢也不是計畫用在醫療費上的。讓自己在需要的時候有自主的醫療選擇權，真的非常重要。

　　幫各位總結一下，「5 年的生活開銷＋平均 200 萬醫療費＝350 ～ 400 萬的一次性給付保額」，提供給大家在未來規劃重大傷病保額時的參考。相信做好預備的人，在風險找上我們的時候，我們皆能安心面對。

⑤ 失能險，陪伴我們一生的保險孩子

在這個章節開始之前，我想先問各位年輕朋友們一個問題：如果有一天，我們不幸因病或意外被迫倒下，沒有任何選擇的餘地，我們的家庭會有什麼樣的改變呢？

可能是至少一位家人必須離開職場，全職照顧。又或者是請一位專業的看護，24 小時居家照料。還有一個選擇，就是不影響家人的生活，直接送往養護中心，尋求專業機構的協助。

但不論是哪個管道，最後要面臨的問題其實都是同一件事——錢。其實比起生病住院，失能更讓人感到無助、害怕，生病還有醫師會向你說明病情、治療的方式、時間需要多久、花費金額要多少，唯有失能沒有人能告訴我們，到底還需要躺著多久…？畢竟，「走掉」只是沒有收入，「走不掉」不但沒有了收入，還多了一筆支出，所以提前做好失能險規劃，是我們人生相當重要的一件事。

一家三口長照 40 年，燒掉 1,400 萬存款

從沒想過，在人生最青春年華的時期，因為意外跌傷腦部，導致終身變成植物人。35 歲的阿清，從倒下的那一天起，他的媽媽（62 歲）就親自日以繼夜地精心照料著他。面對照顧一個只剩下雙眼能動，脖子以下全部癱瘓的兒子，除了難過與心疼，更是身心俱疲。老天爺似乎也沒有眷顧辛苦的媽媽，阿清的爸爸在兒子倒下後的 3 年，也因為腦中風全身癱瘓，必須長期臥床。頓時家裡的兩個大男人雙雙倒下，媽媽為了撐起這個家，捨不得

多花錢請看護，從照顧一個人變成照顧兩個人。就在每天幫兩個男人拍背、翻身、餵食、擦澡這樣無止境地循環，沒想到最後連自己也累倒了。頓時一家三口都需要人照顧，好險，過去爸爸媽媽省吃儉用，加上一部分的祖產，便請了兩個看護到家裡來悉心照料。阿清在 61 歲時離開了人世，其人生最精華的時期就在床上度過了，而爸爸媽媽也因年老病倒，共同被長照超過 10 餘年才離開。原本辛苦打拼攢來的積蓄，要用來和另一半好生安養，過上令人稱羨的退休生活，卻因為一場意外，破滅了一家人的幸福。

失能需要長期照護的人將越來越多

根據衛福部的推估，台灣失能的人口每年增加 20%，到了 2031 年，台灣需要長期照顧的人數將會增加到 120 萬人，相當於總人口的 5%。

研究指出，平均需要長期照顧的時間約為 7.3 年，男性平均 6.4 年，女性則高達 8.2 年。而照顧一位失能者，每個月平均花費為 3 ～ 7 萬元，這樣的開銷對於一個家庭來說，是相當大的負擔。而且失能並非老人的專利，經統計，18 ～ 64 歲的青壯年失能人口占了總失能人口的 55.8%，超過一半的比例！所以建議各位年輕朋友，趁身體健康以及保費相對便宜時，趕快為自己規劃好失能險。

失能險的種類

　　至於失能險該怎麼買？哪一種才適合我？目前市場上常見的商品有「長期看護險」、「類長照險」與「失能扶助險」3 大類型。其中以失能扶助險的保障範圍最廣泛。

表 5-9：失能險的 3 大類型

種類	給付條件
長期看護險	依照巴氏量表診斷判定達 6 個月以上障礙判定是否理賠，包括：「進食」、「穿脫衣服」、「洗澡」、「上下床或椅子」、「上廁所」、「平地行走」等 6 項，其中有 3 項（含）以上之障礙。或是對於「時間」、「場所」、「人物」等 3 項中，有兩項（含）以上無法分辨，即符合理賠條件。
類長照險	保障範圍是以保單條款上所列的特定傷病項目作為依據，一般為 10 多項。例如：腦中風、阿茲海默症、帕金森氏症、運動神經元疾病、多發性硬化症、類風濕性關節炎、癱瘓、頭部嚴重創傷。
失能扶助險	根據疾病或是意外造成 1～11 級失能狀況理賠，通常會先給付一筆失能保險金，針對 1～6 級失能會再按月或年來給付失能扶助金。

資料來源：作者提供

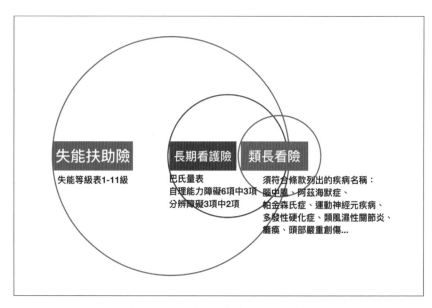

圖 5-2：長期照護險分類示意圖

參考資料：鄭正一老師，圖：作者繪製

　　透過上述給付條件說明，其中「失能扶助險」認定是依照 1～11 級失能程度來理賠，包含輕度到重度。而「長期看護險」與「類長照險」的認定相對嚴格，通常要到很嚴重的情況才會啟動理賠。從圖 5-2 中也可看出，失能扶助險的範圍可包含長期看護險，但部分的類長照險疾病可能還不足以符合失能等級，故建議要規劃長期照護保障，以先做好足額的「失能扶助險」後，若尚有餘力，再來規劃類長照險，將小部分的特定傷病保障補起來。

要具備什麼條件才符合失能給付？

　　上週因為工作關係，我使用電腦的時間過長，導致我的左眼近視似乎加深了，於是跑到熟悉的眼鏡行請他幫我測量度數，結果是所謂的假性近視。老闆一看我的度數屬高度近視，半恐嚇半威脅地要我定期到大醫院做檢查，確保視網膜沒有剝離。其原因是老闆曾經有一位朋友也是高度近視者，因為沒有定期檢查眼睛，有一天起床，他的左眼視線突然整個黑掉，於是緊急前往醫院檢查，才發現是視網膜剝離，已經沒得救了。像這樣的案例，一眼失明在失能扶助險中就已符合 7 級失能，可有一筆給付失能保險金。若是雙眼失明，則直接符合 1 級失能，除了失能保險金一次給付之外，每個月還有失能扶助金，像是知名創作歌手蕭煌奇先生，即符合此項理賠標準。

　　有許多癌症患者，後期嚴重的情況也可能符合失能；以口腔癌來說，可能喪失言語和吞嚥的能力。若永久喪失咀嚼、吞嚥或言語的機能，則屬於 1 級失能。

　　而我們的四肢也可能因為缺損而失能，或因為喪失機能而失能。所謂的缺損，簡單來說就是斷掉、缺失，而喪失機能，表示肢體還存在我們身上，只是沒有功能了。常見的肢體失能原因，有外傷、痛風、類風濕性關節炎，而像糖尿病患者，則有 20% 的風險需要截肢。原因是身體長期處於高血糖，易引起血管和神經的病變，感染風險很高，一旦有潰瘍傷口，便會快速惡化，其免疫系統與營養無法及時供應傷口消炎所需，漸漸會演變成大面積潰爛、敗血，最後不得不截肢。

此外，也有許多的意外事故造成失能的案例，像是嚴重車禍導致植物人狀態，或是因神經壞死導致下肢需要截肢，在在都顯示失能險其實不只是中老年者的需求，事實上更適合青壯年規劃失能險。因為一旦青壯年發生失能狀態，可能需要被長期照顧的時間遠大於老年人，經濟黑洞更是無限大。

我該規劃多少的失能險保額？

　　長期照護的支出可簡單分成兩部分，其中一塊是一次性的費用，像是居家改造，衛浴設備要改為適合身障者適用的環境，還有電動床、輪椅…等，都是在一開始面臨失能後，需要做大幅度調整的花費。另一塊則是長期性的固定開銷，比方請看護，或是長照機構的月費，以及紙尿布、衛生醫療用品…等。所以在規劃失能險時，應留意診斷確認後可先領取一筆失能保險金，而且最好是一次能給付至少 20 萬，相當於保額要規劃 400 ～ 500 萬元（註 1）。而月給付的失能扶助金，則建議至少能有 3 萬元以上給付，若以北部的長照機構為主，則最好能有 5 萬元以上的給付才夠。

表 5-10：長期照護常見支出

支出頻率	支出項目	費用
一次性費用	特殊衛浴設備、輪椅、電動床、氣墊	4~20 萬元
長期性看護費用（每月）	家人自行照顧	工作收入損失
	聘請本國看護（分日間、全天）	3~7 萬元
	聘請外國看護	約 2.4 萬
	社區照護（日間照護，另有家人照護成本）	1.5~2 萬元
	機構照護（護理之家、長照機構、養護機構）	2~4 萬元
長期性耗材費用（每月）	營養食品、成人紙尿布、寢具、衣服、交通費、衛生醫療用品（濕紙巾、手套）…	約 2 萬元

資料來源：行政院衛生署、報章媒體

註 1：失能等級分為 1 ～ 11 級，實際給付金額為「投保保額 × 失能等級的給付比例」。而失能等級比例，如下表：

表 5-11：失能等級比例

失能等級	比例	失能等級	比例
1 級	100%	7 級	40%
2 級	90%	8 級	30%
3 級	80%	9 級	20%
4 級	70%	10 級	10%
5 級	60%	11 級	5%
6 級	50%		

資料來源：作者提供

我有一位朋友，因為住在舊式老公寓的 5 樓，從他父親失能的那一天起，一旦碰到醫院回診，他就必須向公司請假，要將父親背下樓，而看完醫生回家時，再背他上樓。這樣的日子整整過了一年，才因為真的受不了這樣的生活，而搬到一樓的房子。所以，失能一次性給付對於一個家庭來說，也是相當重要的一筆經費，可用來優先改善方便照顧失能者的居家環境。

我自己的奶奶，在 8 年前罹患了失智症與糖尿病，其後遺症導致她的腿無法行走，必須以輪椅代步。因為家裡的人都要工作，怕對奶奶疏於照顧，就將她送往專業的長照機構，每週末再去探望她。幸好交由專業，奶奶舊疾發作時，機構都能迅速地將她送到醫院就醫，得到妥善的照顧。而這幾年來，每個月的機構費用與醫藥費，都是由她的 5 個孩子平均分擔，每月各支付 6,000 元。該說我奶奶幸好生得多，才不造成孩子們太大的負擔嗎？我想是的。如果以現在的家庭結構來看，有的家庭只生 1 ～ 2 胎，有的甚至不打算生孩子，想當個幸福的頂客族，那這筆費用是不是就落在這 1 ～ 2 個孩子身上，或是根本沒人照顧我們了呢？

所以，無論如何，我們必須將自己的未來做好規劃，不管是健康的或是不健康的人生，我們都該好好面對才是。

第六章
網路上常問的問題：
正確的答案是這樣

　　不管是在網路上，或是平時和客戶做保險諮詢時，常被問到許多似是而非的問題。本章節彙集了 22 個年輕朋友的常見提問，將為你一一來解答！

問題 1：我之後要出國打工度假一年，現在買健康險不就浪費了？

回答 1：我完全能明白計畫要出國打工的年輕朋友，對於出國的想法是只要投保海外旅平險就足夠了，健康險呢？等回國再說吧！但我常常會反問對方：「你應該只去一年，不是去定居的，對吧？」既然答案為是，那並沒有等待的必要，因為健康險本來就是越早買越好，越能避免病歷上有就醫紀錄，導致保險審核有條件。人不管在哪一個國家生病或發生意外事故，投保時只要身體非健康體，都無法以正常的條件購買健康保險。簡單來說，我們在國外生病住院，旅平險理賠了所有的費用沒錯，但等到回國再規劃健康險時，也許就沒這麼容易了。所以，千萬別再有這個迷思。再者，在國內買了保險，國外就醫也適用啊！

問題 2：我買的健康險也適用國外就醫嗎？

回答 2：哈，上一題最後已公佈答案了，答案是適用的。只是給付內容還是依照保單條款上所列，並不會因為在海外住院，病房

費就多給付一些喔！另外，如果因為「緊急傷病」而要申請實支實付險理賠，千萬請記得先透過健保核退，否則依照規定，實支實付險以非健保身分就醫，會根據條款上的比例打折給付。

簡單介紹一下健保核退須知：

1. 必須為不可預期的緊急傷病或分娩。
2. 在急診、門診當日或出院日起算 6 個月內申請。
3. 須檢附「全民健康保險自墊醫療費用核退申請書」＋「醫療費用收據正本及費用明細」＋「診斷書證明文件與出院病歷摘要」＋當次出入境證明。（文件若非中文或英文，須附中文翻譯）
4. 核退金額每季會調整一次，請參考健保署官網資訊。

問題 3：聽說越早買保險越便宜，所以是不是現在買了以後保費就不會變貴？

回答 3：基本上這個問題，只適用於購買「終身型保險」或是「平準型費率的定期險」，因為是按照投保年齡計算保費，而保費採固定費率繳納。不過「平準型費率」的條款中，還是保留公司未來有調整保費的但書，但在實務上，調整的機率不高。而「自然費率」的保障通常為定期險，每年續保時會依照當時的年齡調整保費，有的每年調整，有的可能 5 ～ 10 年調整一次。所以，你希望保單一買下去是不會越繳越貴的，可選擇平準型費率的商品；只是在年輕時投保自然費率的商品，其保費相對較便宜，但通常過了 50、60 歲後，保費則會貴好幾倍。可視每個人的需求來選擇商品，沒有對錯喔！

問題 4：繳不出保費怎麼辦？

回答 4：確實，人生有時會發生一些無法預期的突發事故，導致資金吃緊，保費就變成了負擔。當然啦，以理財角度來看，最好要幫自己預留緊急預備金，但如果真的不得已，繳不出來的話，可以你的保單類型來考慮解決方法。

1. 若你的主契約是有「保單價值準備金」的壽險、重大傷病險等類型，則可以先讓保單進入保單墊繳期，也就是保險公司會先以主約的現金價值代墊應繳保費，讓保單繼續有效。等到我們有預算時，可把墊繳的錢繳回去，讓保單恢復為有效。唯一要留意的是，還款時需一次還清差額，無法分期付款喔！所以，採用這個方式的話，請不要拖太久還款，不然可能一次就需補齊非常多錢。

2. 可將保單做減額繳清的動作。也就是未來這張保單的費用不用再繳，而保障的保額會跟著降低為一定比例，如此一來，可將保單損失降到最小，過去繳過的保費也不會浪費；或是做展期定期保險，意思是這張保單的累積保單價值準備金扣除相關的營業費用及保單借款本息、欠繳之保費和墊繳保費本息等費用後的餘額為準，再來看以原購買保額之條件計算，契約能繼續有效到什麼時候。契約變更完成後，則不用再繳交保費，原保障可展延至變更後所載明的年限即終止，保障就非終身了。

3. 若保單主約為無保單價值準備金的終身醫療險或手術險等類型，可以善用停效期。根據保險法第 116 條規定：「人壽保險之保險費到期未交付者，除契約另有訂定外，經催告到達後屆

30 日仍不交付時，保險契約之效力停止。」保戶未繳保費經催告提醒達 30 天後，保單進入停效，請注意，停效期間保險公司不負理賠責任喔！但是在停效 6 個月內，你可以申請保單「復效」，保險公司不能拒絕，而復效也需一次將保費繳足。停效超過 6 個月以上，兩年以內，則是「有條件申請復效」，保險公司會要求提供健康告知書，甚至要求體檢，確保無體況疑慮，才可同意復效。

最好的情況，就是不要輕易讓保單停繳，否則可能會讓我們的權益受損。平時請做好理財金三角分配，預留緊急預備金，避免繳不出保費的可能喔！

問題 5：受益人可以填寫我的同性伴侶嗎？

回答 5：可以，只是在核保的實務上是比較困難的。

1、資格：
　　保險法對於受益人須具備什麼資格？
　　（1）自然人
　　（2）法人

2、契約成立：
　　保險契約訂立時，身故金得指定「身故受益人」。

3、道德風險：
　　保險公司因為擔心有道德風險，「通常」限於配偶、直系親屬、法定繼承人。實務上要保書填寫其他關係人，保險公司得以拒絕承保。

4、契約變更：

要保人本身即有受益人指定變更權。

5、結論：

（1）可先讓契約成立生效：先填寫其他人，或法定繼承人。

（2）等保單下來再填寫契約變更書：選擇順位，比例或均
分。

（3）最後將契約變更書交給保險公司即可。

當契約成立生效後，保險公司就應接受要／被保險人要指定
受益人是誰了。

保險法第 110 條

要保人得通知保險人，以保險金額之全部或一部，給付其所指定
之受益人一人或數人。

前項指定之受益人，以於請求保險金額時生存者為限。

保險法第 113 條

死亡保險契約未指定受益人者，其保險金額作為被保險人之遺
產。

**問題 6：我現在年輕力壯不需要買保險啦，等過 30 歲以後再看看
吧！**

回答 6：有時就是因為我們覺得自己還是青春的肉體，健康有活
力，反而更容易揮霍它。為什麼年輕人騎車容易橫衝直撞，為了
追劇熬夜不睡覺，其實這都會一點一滴消耗你的健康。哪一天突
然身體不舒服，才想到要買健康險，可能為時已晚。

我有位大學的社團同學，在女生最漂亮、最青春洋溢的 25 歲那年，癌症竟然找上了她。她大學就讀護理系，畢業後成為一名護理師，有護理背景的她，怎麼也沒想到自己這麼年輕會發生這樣的事。經過一年的化療，她將烏黑亮麗的長髮剃光，因為化療後遺症就是會開始掉髮，幸好，現在已復原得很好，沒有大礙。只是原本想替自己規劃健康險的她，只能等復原後 5 年無復發，才能透過保險公司評估了。

問題 7：我公司已經幫我保團險了，所以應該不用再買了。

回答 7：先恭喜你，你公司的老闆很照顧員工喔！不過你知道嗎？各家公司幫員工投保的團體保險內容都不盡相同。在你評估自己需不需要再買健康險時，請你也先和人事部要你的投保險種資料，再請團險的窗口協助你了解公司投保的保障，然後再做決定。有些公司只會投保簡單的意外險，不含醫療險，所以如果只仰賴團險，哪一天盲腸炎開刀住院，才發現原來根本沒有醫療險，那可是虧大了！

不過，還是建議你，不管公司是否有為你投保團險，都還是要為自己規劃個人健康險才是。原因是你可能無法確定你會在這家公司待多久？有沒有可能公司營運狀況改變，公司不再為你投保團險了呢？什麼狀況都有可能發生，唯有規劃好個人健康險，才不必擔心這些變數。

問題 8：我媽說她以前就幫我買很多保險了，叫我不用再花錢。

回答 8：再恭喜你一次，不僅有好老闆，還有好媽媽。在我小的時候，媽媽也幫我們家的小孩投保了很多的健康險，但就像我在「序」裡頭所寫的故事（如果你跳過沒看，請翻到前面看一看）。其實啊，有的時候媽媽不一定夠專業（她的保險顧問規劃的內容不一定符合你的需求），只是她覺得已經花了很多錢幫你買，不希望你自己亂買而已。

畢竟媽媽可能是 10 年、20 年前規劃的，內容不一定適合現在的你，所以，建議你可以先將媽媽買的保單拿出來，請你信任的保險顧問為你檢視，或是你看完本書之後，自己也可以試著看一看保單內容。如果你發現這份保單少了些什麼重要保障，不妨可以自己加保。

（其實，小時候媽媽有幫你買保單的人，是很幸運的！因為在保單圓餅圖中可能有一大部分的需求已經被滿足了，只要針對不足的地方增加，同樣預算下，你的保障就比別人完整多啦！）

問題 9：我懷孕了，還可以再加買健康險嗎？

回答 9：這次不只恭喜，還要為妳歡呼～因為即將當媽媽的妳，現在一定既興奮又期待！我可以明白此時妳的心情，希望寶寶健康地誕生，但又不免會擔心，如果真的碰到分娩時有緊急情況需要剖腹，現有的保障可能會不足。

親愛的，當妳一旦到婦產科確認懷孕時，只要在孕期 28 週以前，都可以投保健康險。只是投保的規則會視不同保險公司有不同的作法，建議可先確認。而若是承保了，針對當次懷孕的相關合併症以及剖腹生產是「不予理賠」的喔！

所以，如果有此擔心的女性朋友，建議在計劃懷孕之前，可先提前做好規劃。不過若是原本就要投保健康險，同時發現自己懷孕了，還是建議趁早投保，以免發生其他疾病理賠。

問題 10：聽說「帶病投保，只要捱過兩年就沒事了，保險公司會賠」，是真的嗎？

回答 10：根據現行保險法第 64 條規定，保戶若違反告知義務，保險公司在兩年內可主動解除契約，且不退還保費。而就算超過兩年，申請理賠時發現有未告知的既往史，保險公司還是可不理賠。所以建議各位，投保時誠實告知才能保障自己的權益，以免理賠時的糾紛困擾你喔！

問題 11：感冒看醫生可以申請健康險理賠嗎？

回答 11：當然不行。讓我們一起複習一下，健康險要啟動理賠無非是要住院或是手術，若只是門診看感冒，是不符合理賠標準的喔！況且，感冒門診都有健保給付，只需部分負擔 150 ～ 200 元，已經相當便宜了啦！

問題 12：買保險可以抵稅嗎？

回答 12：可以的！個人綜合所得稅有一項扣除額為「人身保險費列舉扣除額」的項目，每人每年有 24,000 元的扣除額可抵扣。不過，只適用在採用「列舉扣除額」的朋友，若採用標準扣除額，就不能再額外扣抵喔！

問題 13：難道買保險一定要花很多錢嗎？沒用到，很浪費保費耶！

回答 13：其實，只要按照先定期後終身的邏輯投保健康險，在合理的預算，一樣可以買到適合自己的保障。

我曾經服務過一個客戶朋友，他能買保險的預算，算一算真的只有每月 500 元，我們就先從最基本的實支實付險開始規劃起，至少真的發生需要自費支出昂貴治療費時，我們還有個保障在，不至於全額要自己負擔。建議好好認真地和你的保險顧問做全面性的討論喔！

至於我覺得沒有用到保險理賠，那不是一件更棒的事情嗎？代表我們身體健康，萬事如意呀！正常應該沒有人買了保險，而希望自己趕快去住院的，對吧？所以，我會把買保險沒用到當作是每個月捐錢幫助其他需要幫助的人，就像我們可能會每個月定期捐錢給弱勢團體，其實是同樣的概念。我們把繳出去的保費協助需要這筆錢的人使用，未來哪一天等我需要用到的時候，也是別人繳的保費幫助了我。

問題 14：我覺得有健保就夠啦！看病哪需要這麼多錢？

回答 14： 坦白說，我在進入壽險這行業前，也是這麼認為的。後來我回想，之所以當時有這個想法，是因為自己和身邊的人沒生什麼大病，換個角度想也是好事。進了壽險業之後，服務的客戶多了，每每在為客戶申請理賠時，才發現醫療費真的是不便宜啊！光是升等病房費，比住飯店還貴。我寧願把存款拿去住飯店享受，病房費還是交給保險吧！

問題 15：什麼樣的情況下，以及多久要進行一次保單健診呢？

回答 15： 其實這題沒有標準答案。我會建議在你的人生階段與經濟狀況產生變動時，就做一次保單檢視。比方結婚、生小孩、買車買房，甚至是加薪減薪，都是必要的時機點。特別提醒各位，在保單健診之前，要先重新思考自己的保障需求。通常健診的同時，都是身分改變或是責任變重，可以特別針對「身故保額」或「失能保障」確認保額是否足夠。再來就是疾病醫療需求，最後有多的預算，再做理財規劃。

總而言之，健診的頻率非固定，重點是在家庭的階段性責任問題。

問題 16：我該如何挑選好的保險顧問？

回答 16： 想要選到一位真心為自己著想的保險顧問，只要透過下面 2 個問題，就可輕易分辨出來。

第一，先問保險顧問哪個商品最好。如果他二話不說，直接推薦商品，就代表這名保險顧問僅以銷售產品為目的。因為剛開始見面的時候，保險顧問在還沒了解保戶的家庭保險需求，就急著銷售產品，不能算是保險顧問，只稱得上是業務員。

其次，再請他幫忙檢視保單，做個「保單健診」。如果他只是把內容整理好向你說明，而非針對需求跟你「討論」，那他只是想針對缺口的部分賣你商品，完全搞錯重點。因為保單健診的重點，是在保戶個人而非保單。業務員應專注眼前的保戶需求，並仔細聆聽目前的家庭狀況，直接針對現階段需求做分析，而非把焦點放在「保單健診」上。

其實保險顧問的角色就像醫生一樣，一定是透過「問」診，才能了解病情、對症下藥，不可能看看病歷就開處方，保險也是同樣的意思。過去的保險需求未必符合現在，因此，不懂得釐清保戶需求的保險顧問，也不甚理想。

問題 17：保險公司被併購，保險顧問離職或跳槽，我會變成孤兒保單嗎？

回答 17：只要保險公司沒有倒閉，保單的效力並不會因此消失，自然也就不會因為保險顧問離職或跳槽，而使保障權益受損。實務上，公司會另派一位在職的保險顧問接續服務，只要投保公司還在。你也可以透過免付費服務專線，由專門的客服人員來協助處理。

另外，選擇體質優良的保險公司投保，降低倒閉或破產的疑慮，也是相當重要的喔！

問題 18：我想知道我到底買了哪些保單，該如何輕鬆查詢？

回答 18：有些父母幫自己的孩子買了保單，不希望他們隨意變更，所以面對孩子詢問，希望可以讓自己認識的保險顧問檢視一下，卻常常是保密到家。但是，如果真的想知道的話，該怎麼辦呢？

依照你知道的資訊多寡，有兩個做法：

1. 我知道投保的保險公司有哪幾家

   那真是太好了，恭喜你可以輕鬆完成這件事。

   （1）可由你本人撥打投保保險公司的客服電話（網站上都可查到），客服人員會與你本人核對基本資料，再提供投保內容資訊給你。

   （2）透過投保保險公司的官網，註冊「保戶會員」後，可登入查詢名下的保單完整資訊，非常推薦這個做法，以後想看就可以登入去看。（有些保險公司註冊時需輸入其中一張保單號碼，如果不知道保單號碼，只能走回第 1 個做法。）

2. 我不知道投保了哪些保險公司

   請透過保險業通報作業資訊系統來查詢。請上「壽險公會」網站下載「通報資料查詢申請表」填寫，連同身分證與第二證件

……影本，一同郵寄到壽險公會，公會收到後約 10 個工作天，會寄送回函給申請人，附上關於被保人的投保資訊。申請費用為 250 元，收據憑證也需一併寄回，以示繳費完成。

問題 19：拔智齒也能申請保險理賠嗎？

回答 19：首先，要先確認你的拔智齒手術是否有經過「麻醉」、「切開」、「縫合」這三種行為的其中兩項，若有，恭喜你符合手術的定義，所以，可以申請「門診手術費」的相關理賠。

一般來說，對於拔除頑固智齒，大多符合定義。像我自己的 4 顆智齒都拔掉了，其中下排的兩顆智齒都是橫躺在牙床「裡面」，所以醫生在拔的時候，必須先把牙肉劃開，再拔除牙齒，最後再把傷口縫合。當然整個過程都有打麻醉，否則應該會先暈倒。這樣的過程，確實符合了門診手術的定義。

而通常你的保單有買到門診手術定額給付，或是實支實付醫療險有含門診手術的險種，就可以申請。若只有購買實支實付醫療險，申請的理賠金額就是掛號費 150 元，而手術定額給付則金額較高，通常是看購買單位數計算。若要申請理賠，請記得向醫生申請診斷證明書，並且要寫到「手術」行為，一般拔牙是不符合的喔！

問題 20：我現在購買了健康險，未來想提高保額，也可以依照現在購買的年齡計算保費嗎？

回答 20：當然不行，而是會依照提高保額當下的年齡重新計算增額的保費喔！同時也要考慮未來想增額的時候，這個商品是否還在銷售。若碰到商品已經停售，以其他商品替代，則也無法直接增額，必須重新購買替代商品。

問題 21：換了工作需要告知保險公司嗎？

回答 21：基本上你的保單內容如包含意外險，就有告知保險公司的義務喔！因為意外險的保費是以職業等級區分，若換了工作後的職業等級改變了，必須主動告知保險公司，以便重新計算保險費率，否則發生理賠時引發糾紛，那可能造成保戶的權益損失喔！若是由職業等級較高的職業轉換為等級較低的，還能夠降低保費，省下一些錢呢。

問題 22：買保險要體檢嗎？

回答 22：若本身無健康問題者，正常是不需要體檢的。保險公司會針對以下幾種人要求體檢：

1. 曾有罹患疾病或是正在治療中的人。
2. 購買的保額超過免體檢標準（依照各家商品不同而有區別）。
3. 超過投保商品的需體檢年齡（超過 50 歲投保較高保額，或是超過 65 歲者體檢機率高）。
4. 特殊職業（可能造成職業病等環境，例如化學廠等）。
5. 抽樣體檢（保險公司隨機抽樣，是機率問題，沒有任何理由）。

結語

　　一直以來，都想把在壽險業的實戰經驗記錄下來，如今這本書的誕生，真的能將我這個想法充分地呈現，心裡有滿滿的感動。因為有這樣難能可貴的機會，能夠透過文字的方式，把我心裡想傳達的話都表達出來。

　　在壽險業服務越久，越希望能夠將正確的保險觀念與知識傳遞出去給更多的人，但實際能接觸到的客戶朋友有限，而現在有了這本書，能協助到更多的年輕朋友，因為讓大家買對保險，是我一直很想推廣的理念。

　　今年正好滿 30 歲的我，婚後也即將踏入人生下一個階段。回想 23 歲開始為自己規劃第一份保單到現在，已一步一步地完整了我的保險圓餅圖，所以現在能夠安心地迎接下一個 10 年。我很感恩能夠這麼早接觸到保險的觀念，讓我能夠在年輕的時候，就能遊刃有餘地做好自己的風險規劃。

　　希望閱讀完這本書的年輕朋友們，能夠真正了解保險對我們的重要性，而開始規劃自己甚至是親人的保障。保險無法讓人不生病，但它就像是一把堅固的傘，能夠真正實質帶給每一個家庭～經濟安定的力量。

～共勉之～

台灣廣廈 國際出版集團
Taiwan Mansion International Group

國家圖書館出版品預行編目（CIP）資料

如何在30歲前花小錢買對險！一生沒煩惱 /
郭俊宏，鄺珉萱著.
-- 初版. -- 新北市：臺灣廣廈，2019.04
面；　公分
ISBN 978-986-130-412-0(平裝)

1. 健康保險

563.741　　　　　　　　　　　　　　107017708

財經傳訊
TIME & MONEY

如何在30歲前花小錢買對險！一生沒煩惱

作　　　者／郭俊宏、鄺珉萱　　　編輯中心／第五編輯室
　　　　　　　　　　　　　　　　編 輯 長／方宗廉
　　　　　　　　　　　　　　　　封面設計／16設計有限公司
　　　　　　　　　　　　　　　　製版・印刷・裝訂／東豪・紘億・秉成

發 行 人／江媛珍
法律顧問／第一國際法律事務所 余淑杏律師・北辰著作權事務所 蕭雄淋律師
出　　版／台灣廣廈有聲圖書有限公司
　　　　　　地址：新北市235中和區中山路二段359巷7號2樓
　　　　　　電話：（886）2-2225-5777・傳真：（886）2-2225-8052

行企研發中心總監／陳冠蒨
整合行銷組／陳宜鈴
媒體公關組／徐毓庭
綜合行政組／何欣穎
　　　　　　地址：新北市234永和區中和路345號18樓之2
　　　　　　電話：（886）2-2922-8181・傳真：（886）2-2929-5132

代理印務・全球總經銷／知遠文化事業有限公司
　　　　　　地址：新北市222深坑區北深路三段155巷25號5樓
　　　　　　電話：（886）2-2664-8800・傳真：（886）2-2664-8801
　　　　　　網址：www.booknews.com.tw（博訊書網）
郵 政 劃 撥／劃撥帳號：18836722
　　　　　　劃撥戶名：知遠文化事業有限公司（※單次購書金額未達500元，請另付60元郵資。）

■ 出版日期：2019年4月
ISBN：978-986-130-412-0